［清］鄂海　［清］阿琳　撰
伍新福　点校

抚苗录　红苗归流图

岳麓書社·长沙

湖湘文库
续编

前　言

苗族是植根祖国大地的历史悠久的古老民族。由于山水阻隔，加之与其他民族错居杂处，分散在各个聚居区的苗族，在语言和习俗等诸多方面逐渐产生了差别，形成了不同的支系。在汉文文献中，较早全面系统记述苗族内部支系的有清初陆次云的《峒溪纤志》，其书载："苗人，盘瓠之种也。……有白苗、花苗、青苗、黑苗、红苗。苗部所衣，各别以色，散处山谷，聚而成寨。"这主要是以服饰的颜色为别，即传统所说的苗族五大支系。苗族内部这类不同支系的区分，最初大约形成于宋元之际。其中，最早出现于史志记载的，是贵州境内的"白苗"（又称"东苗"），继之是黔东南的"黑苗"，而"红苗"见于记载则更晚一些。"红苗"的分布范围，主要是当时湖广、贵州、四川三省交界地区，而以湖广境内为最多。因腊耳山（今名腊尔山）台地为其"内巢"，即中心区，故史志尝称为"腊耳山苗"。因地接明清时期镇箄镇参将、总兵统辖区，又被统称为"镇箄红苗"。一部分属镇溪千户所地域的，或叫"六里生苗"。这一地区的"红苗"，元明以来既无土司，又未设流官管治，故也被称为"化外生苗"。

明王朝曾多次对湖广、贵州、四川交界地区的"红苗"进行征剿，但始终未能达到完全控制的目的，只得任其处于"化外"，而在其周边广建军事设施，进行防范。嘉靖年间，开始在"镇箄红苗"区外围修筑营堡、哨台。万历年间，更沿边修筑三百多里的土墙，将"红苗"圈围和封闭起来，禁止汉人入内，苗民则不得越界。这种军事封锁和苗汉分治，对当地苗族经济文化发展和社会进步，实际上是很不利的。封建王朝对湘西“红苗”的这种统治政策，一直维持到清朝初年，才发生根本性的转折。

清圣祖于康熙四十二年（1703）遣吏部尚书席尔达、湖广提督俞益谟等，统领湖南、贵州、广西三省满汉官兵，对“镇筸红苗”进行大规模征剿，以武力开辟湘西苗疆，置乾州、凤凰二厅，并设土百户、寨长，以抚治和管辖各苗寨。此后，在原镇溪所和乾州同知所辖“六里生苗”区设永绥厅。但“镇筸红苗”与“六里生苗”并未从此完全“就抚”。因为在大军进剿时，许多苗民弃寨而逃，远匿山林深箐，并未编户入籍。“归诚”的一些苗寨也是户口不清，不能纳粮供役，越界“起衅”之事亦时有发生。

康熙五十年（1711），清王朝任命鄂海为湖广总督，对“镇筸红苗”再次进行招抚。最初，鄂海欲恢复明代旧时边墙，后以工程浩大、费帑甚巨作罢，遂于沿边添设营汛，加固城堡。清圣祖认为此举不妥，命鄂海等人赴“镇筸红苗”区实地勘处。在近两年间，鄂海在镇筸镇、辰沅道及乾州、凤凰二厅配合下，分多批差遣官吏弁兵，由土百户、寨长及早前已“归诚”的苗目等引领，深入“红苗”腹地，逐寨宣谕、招抚。清朝地方政府先后将“归诚”各寨男妇子女一一登记造册，编户入籍。“镇筸红苗”“六里生苗”成为清王朝的编户齐民。

本书所编鄂海《抚苗录》和阿琳《红苗归流图》，即为当年留存下来的有关开辟湘西苗疆和“镇筸红苗”归流的历史文献。《抚苗录》为鄂海自编，收集了他在奉命招抚“镇筸红苗”过程中的各种公文。其中，对于招抚的策略、具体经过，苗疆的山川地理、苗寨名称，苗民人口、姓氏等均有翔实的记录。这为研究苗族历史，特别是研究湘西苗疆的开辟与“红苗”归流史，提供了最可信的原始文献资料。

阿琳于康熙五十一年（1712）出任湖南布政使，《红苗归流图》是其任内亲履湘西苗疆，据实地见闻所绘制和编撰的，图文并茂。《红苗归流图》文字部分对“红苗”的归流始末做了概略记载，对“红苗”耕作纺织、衣食起居、婚姻嫁娶、性情习尚、民间习俗等有详细记述，这有助于我们具体了解清初归流前后湘西苗族生产生活状况、社会面貌与文化特征。

《抚苗录》以拳石堂刻本为底本进行校点，《红苗归流图》以李彦斌家藏本为底本进行校点，特此说明。

伍新福

2019 年 3 月于长沙四方锦城寓所

目　录

抚苗录

红苗归流图

抚 苗 录

圣德抚苗碑铭并序

我皇上智勇天锡，自临御以来，仁育群生，义征不惠，德威遐畅，远迈前古。始者三藩肆逆，台湾负险，皇上神谟独运，指授方略，决机万里，以次削平。及噶尔丹跳梁沙漠，特勤法驾，三征不庭，元恶就歼，胁从率服。由是薄海内外，尽入版图，航浮索引，重译稽首，献见于阙下者，皆书传所未尝纪。自生民以来，未有功德若斯之盛者也。维红苗僻处南服，虞夏以来，未闻向化，依崖据谷，时出为民患。康熙五十年，臣鄂海膺命总督湖广，披图按籍，以镇筸边墙，宜因旧址修筑，绘图奏请。皇上睿虑渊深，谓如尔议，未足捍御红苗，令同提督、巡抚会勘。臣鄂海于九月己酉偕提督、巡抚、总兵诸臣，自司城北出旧边墙，驰入苗地。庚戌，至毛都塘。苗人吴老铁等遣其子弟导迎，申述诚款。壬子，复自司城至乾州苗境，宣上德意，遍谕诸寨渠长。群苗踊跃抃舞，咸顿首曰：皇上如天覆帱，物各得所。苗人虽阻绝荒远，然戴高履厚，何敢自弃？皆愿为编氓，输赋供役，以奉天子。于是，本年十二月至五十二年五月，毛都塘等五十二寨，计户八百有八，计口三千一十二，相率至武昌归顺。自六月至八月，盘塘窝等生苗八十三寨，计户六百八十三，计口三千一百八十一，亦先后来归。臣鄂海等次第奏闻。

皇帝曰：惟红苗凭恃深阻，从未归化。今既各输悃诚，向风慕义，朕视天下内外一体。地方文武诸臣，务体朕怀，令皆安堵乐业，咸遂生养，从容化导，教之礼让。其有侵蚀扰害者，督抚纠察以闻。

臣窃思：自古以来未能驯伏之苗，乃不耀一兵，不折一矢，而络绎内附，愿同蒸黎。皆由我皇上天授神武，赫声濯灵，有以慑服群苗之心，而又湛恩汪濊，浃髓沦肌。故一旦革面洗心，与万邦黎献，共沐圣化。自今伊始，凡三楚文武大吏暨郡县令长，其务保护劝导，轻徭缓刑，以仰副圣天子劳来匡直之至意。而苗民世世子孙，畏威怀德，长为良民。我皇上神功骏烈，永永无极。是宜勒诸丰碑，昭示万世。臣鄂海等拜手稽首，而作铭曰：

帝德广运，泽被万方。顾兹镇筸，与苗接疆。率梗弗顺，僻在要荒。皇帝仁圣，不剿而抚。苗悔前非，式歌且舞。相率来归，永甸禹土。帝有恩言，恤苗新顺。尔官尔吏，怀抚诚信。耕织以时，孝弟是训。苗民乐业，供输恐后。万口一辞，祝天子寿。视此丰碑，与天地久。

康熙五十二年春三月朔日戊寅，诰授光禄大夫总督湖广等处地方军务兼理粮饷兵部右侍郎兼都察院右副都御史加九级纪录十七次臣鄂海撰文进呈。

钦奉御笔阅定。

抚苗录序

国家景运休明，太和之气翔溢四表。今岁癸巳春三月，恭逢圣寿六旬。臣荦自商丘来京庆贺，获邀皇上非常之典，褒封进爵，光耀先后。赐膳赐衣，宠荣洊及普天之下，老幼臣庶无不被泽，而老臣荷恩尤深。各省督抚及诸旧臣，皆集辇下，相与歌咏欢忭，生逢斯时，以为甚幸。湖广总督鄂公在朝列，出其《抚苗录》见示，次第展阅，文详事实。念我皇上德泽之深厚，柔荒远而格愚顽，远过于曩史所称颂者千万倍也！旧志，南境苗，本盘瓠种。椎髻跣足，不供征役。自古羁縻而绥抚之，未尝以理法绳。今我皇上，御极五十余载，礼乐教化渐染及于异域。而司土之大吏，仰遵圣心，好生不杀，务使穷裔之民改过迁善，同游于化日之中。自始有苗人以来，历纪数十余，未有沐恩泽而被声教，既醉既饱，遵道遵义，生全鼓舞于仁寿之世，如今日者也！抚苗所纪，始自皇上御笔朱批，指示方略。已而苗民就抚，剃发编户，纳赋税。奏闻之日，两奉德音褒嘉，执事文武诸司从优议叙。又敕其安插群苗，使之得所，以生以养，永享太平。宸衷所注，数千里之外如在咫尺，爱护诰诫之不已。此天地之心，而遐迩生民无疆之休也！集中恭纪圣谕，煌煌典谟。至奏疏及文书，条约（与）〔舆〕图碑记，开卷秩然。既以彰圣天子驭远化顽之盛治，并俾封疆之臣按图据册而知苗民归化之诚，息兵刑而兴道德。宇宙贞元之运会合于我朝，人和年丰，川增山寿，其膺福岂有涯乎？红苗就抚以后，恩纶如春，朝野欢悦。史馆诸公，歌诗以纪盛事，相国太仓公撰文弁端。兹阅《抚苗录》，喜中外之清宁，承国家之恩庆。八十老臣，操笔志美，挂姓名于简策，抑不朽之荣，未敢以既耄为辞也。爰为之序。

康熙五十二年岁在癸巳四月朔日戊申，诰授光禄大夫予告吏部尚书加三级特旨加授太子少师商丘宋荦拜手撰。

为访查镇筸红苗情形以固地方以靖边隅陈请睿鉴事

总督湖广等处地方军务兼理粮饷兵部右侍郎兼都察院右副都御史加九级纪录十七次臣鄂海谨奏，为访查镇筸红苗情形以固地方以靖边隅陈请睿鉴事。

臣蒙皇上天恩，升授湖广总督。到任以来，遍访通省地方事务及万民生理。皆赖我皇上洪福，家给人足，欢呼乐业，即湖北彝陵、湖南（永）〔辰〕州等处土司，亦凛遵王化，畏法守分。惟镇筸生苗，越法生事。除总兵官张谷贞领兵驻扎池河营，查拿凶苗，将羁留在巢兵丁追出及撤官兵回营缘由，经臣另疏奏闻外，臣查镇筸界外生苗，自唐虞以来不遵中原教化，妄行生事，由来久矣。自康熙四十二年，蒙皇上念及边隅生民，令满汉官兵援剿，将为首凶苗查拿正法，其余苗人尽蒙天恩宽宥，招抚安插原处。但苗人生性凶顽，不明人伦，贪残成俗，即见小利，亦为侵夺，以致往往生事无已。臣将苗人情形，细访土著年老兵民，皆云：苗人生同畜类，且贼性难移。倚深山茂草之势，捉人生事。情由虽真，不但苗人生事，即内地百姓奸恶之徒，不畏法度，私与苗人结亲往来，或耕种熟苗田地者亦有。此辈若有私仇，即偷出边外，密告苗人。或俟其往耕，或因其贸易，令其捉去。该地方官闻知，差人去说，如苗人不肯放回，被捉之家有情急出银取赎。苗人将所得银两瓜分入己，是以苗人贪利，视为奇货。故常藏于茂林丛草之中，遇有行人，即便捉去，若被捉之人强横，即被伤害。该管官员闻知，领兵查拿，伊等若势众则相对拒捕，势弱则将人放回，否则逃匿深山，因此一时不能查获。虽有现行定例，不许民人出境，亦不许苗人入境。但边界无有墙垣，地方辽阔，随处皆可潜行出入，即有官兵严加巡查，焉能遍及？且苗人亦不敢结党同行，公然入界生事。俱系本地奸民勾引往来，所以不时生事等语。臣今差人将苗地形势绘成图样，又复询熟悉苗地之人，所言皆同。臣阅看图形筹思：苗人居处深山之中，如同畜类，不明伦理，不知国法，所以地方常有盗案。若不将边界严固，则内外不肖之徒，私相勾引生事。偷出潜入者，断断不能查拿禁止。臣愚以为，镇筸系湖广要地，莫若严固边疆，分晰内外。今查边境原有界墙，倾颓年久。若将此墙照陕西、甘肃等处边墙之例，备筑防御，分别内外看守，于地方甚有裨益。今将此墙或二十里，或四十里，相其地势，各设门隘，派令官兵看守。或境内百姓出边耕种者，必令合伙，查明放出，至晚查验放进。若有熟苗入境，必问明情由，方许放进。并应于各门外，立成市集，或五日一集，或十日一集，民苗同至此地交易，仍委令官兵巡查。如此则匪类无偷走之路，勾引生事之徒亦可查拿。倘苗人犯法，至界生事，仍照定例，令官兵出界查拿凶苗正法，则生事恶苗可以永绝矣。

臣查湖南《辰州府志》书内开载，此墙长三百八十余里，高八尺，基宽五尺，以土修筑，共需银四万余两等语。查湖南、湖北，除武职官员俸银外，自督抚以下州县以上，一年应支俸工银两，共有五万余两。伏思文职官员，皆受皇上天恩，已有养廉之资。此项俸工令其捐助，委令贤能官员于明春兴工，在于二年内修筑完工。如此则不糜费国帑，而镇筸地方得以宁静，亿万兵民俱受圣恩，各相安堵，世乐雍熙矣。臣至愚识浅，不能远筹。可否应行，伏祈皇上睿鉴指训。如蒙允臣所请，臣即减从前往，会同湖南巡抚臣潘宗洛、提督臣额伦忒，公同验看形势，并原墙基址，确议具疏具题外，谨将镇筸图样一并恭呈御览。

奉皇上御批：镇筸图样，览过数次。若照尔所议，似未能挡御红苗为非，须同提督、巡抚会勘好。钦此。

康熙五十年七月　日。

为钦遵谕旨事

总督湖广等处地方军务兼理粮饷兵部右侍郎兼都察院右副都御史加九级纪录十七次鄂，为钦遵谕旨事。

为照本部院前因镇筸苗情恭具清折，奏为访查镇筸红苗情形以固地方以靖边隅陈请睿鉴事。于康熙五十年七月初七日，具清折奏请。本月二十八日，奉皇上朱批：镇筸图样，览过数次。若照尔所议，似未能挡御红苗为非，须同提督、巡抚会勘好。钦此。于八月十七日，据本部院赍折家人赍回到署。钦遵。除俟北抚都院出闱，本部院于九月初二日起程，前往镇筸。具疏题报。另揭移知外，所有奏折相应抄录咨会。为此合咨贵都院、提督，烦请、为钦遵前赴镇筸，公同验看会议，题覆施行。

计粘抄疏一纸，咨南抚、提督各差役等因。除咨偏抚都院暨提督外，相应咨会。为此合咨贵都院，烦请查照施行。

计粘抄疏一纸，咨北抚等因。除咨偏抚都院暨提督外，合就抄疏行知。为此照会该镇，牌仰该司道官吏即便钦遵知照施行，并抄疏移行司道府，一体知照施行。转行辰州府乾凤二厅，一体知照。本部院的于九月初二日，自武昌起马，驰赴镇筸，公同抚院、提督验勘地势，并原墙基址。所有丈量方口并能于丈量弓手、算书及土工石匠头等人，俱预备伺候。本部院一到，即带各项人役验看，估计工料。毋得违悮，干咎未便。

计粘抄疏一纸，照会镇筸、南按察司，行南北布政司、辰沅靖道等因。除行辰沅靖道外，合并檄行。为此牌仰该府官吏、同知、通判，即便钦遵知照，并预备丈量弓手、土工石匠头等人伺候。毋违。

行辰州府乾同知、凤通判。

康熙五十年八月　日。

为恭报起程日期仰祈睿鉴事

总督湖广等处地方军务兼理粮饷兵部右侍郎兼都察院右副都御史加九级纪录十七次臣鄂海谨题，为恭报起程日期仰祈睿鉴事。

窃照臣于康熙五十年七月初七日，恭具镇筸红苗边界墙基，请行修筑情由清折奏请。本月二十八日，奉皇上朱批：镇筸图样，览过数次。若照尔所议，似未能挡御红苗为非，须同提督、巡抚会勘好。钦此。于八月十七日，据臣赍折家人赍捧到署。臣钦遵。随移知提督臣额伦忒、抚臣潘宗洛一体钦遵。时湖广抚臣刘殿衡同司道，俱因乡试入闱，地方紧要，未便即行。今抚臣出闱，臣于九月初二日，由陆路起程，前赴镇筸镇，公同抚、提二臣会勘明白，另疏会题外，所有微臣起程赴镇筸日期，理合恭疏题报。伏乞皇上睿鉴施行。

再照，自省至筸，相距甚远，道路崎岖，其奉行一切钦部事件，恐难以依限办理。容臣于回署之日，扣限完结。合并陈明。

奉旨：该部知道。

康熙五十年八月　日。

为再行宣布皇仁给牌劝谕以安苗民事

总督湖广等处地方军务兼理粮饷兵部右侍郎兼都察院右副都御史加九级纪录十七次鄂，为再行宣布皇仁给牌劝谕以安苗民事。

照得红苗顽悍不法，自康熙四十二年间，大兵会剿。我皇上以天地好生为怀，剿抚兼施，不行灭绝。是以归诚者三百一十三寨。值今世际升平，万方乐业。各寨红苗，正宜仰体皇仁，安分守己，以保身命。乃苗人顽悍成性，不知法度，所以出没靡常。伏草捉人，劫杀之事常有。在顽苗，虽属不法，亦皆由该管之土百户等，不能转行宣布皇上天威、仁慈大德，使苗民感化之所致耳！若土百户于平时不能尽心劝谕，俾苗人改恶从善，即奉文查拿凶苗，亦未必实心查拿。如此因循怠玩，致烦动兵剿杀。何以使苗境肃清，边民安静耶！合行给牌，饬令劝谕。为此牌仰该土百户遵照牌谕事理，即将该管苗寨不时劝谕。寨长、苗民人等各宜安分守己，以保身命。不得仍前生事，伏草捉人，致干剿杀，自取其死。今本部院会议，题请筑砌边墙，亦无非分别边界，不使奸民出入勾引，以致苗人被诱，误为犯法之至意。该土百户务须明白晓谕，如给牌之后，该土百户将所管各寨，如苗人能遵谕，安分守法，不致生事，土百户于年终呈报，乾凤二厅查明，汇报本部院，以凭将该百户寨长分别给赏花红奖劝。如或不行时加劝谕训诲，使苗人改恶从善，以及怠玩从事，串通为非，本部院即令总兵官发兵剿杀外，将该土百户一并究处。务宜凛遵，毋得玩违取咎未便。给牌各土百户等因。除牌行各土百户遵照外，合并照行知。为此照会该镇，牌仰该道官吏、同知、通判，即便知照施行。

照会镇筸镇、辰沅道，行乾同知、凤通判。

康熙五十年九月　日。

为晓谕民苗各宜安分守法共乐太平盛世以保身命事

总督湖广等处地方军务兼理粮饷兵部右侍郎兼都察院右副都御史加九级纪录十七次鄂，为晓谕民苗各宜安分守法共乐太平盛世以保身命事。

照得镇筸地方，旧有边墙。本部院奉旨，会同抚院、提督会看墙基。原期照旧修筑，与尔民苗分别内外，以安边民之至意。今会看边墙一带旧日墙基系在民地之内，墙基之外，尚有内地民人耕种之田地甚多。或十余里，或二三十里不等，远在边墙之外。今若照当日三百八十里之旧基筑墙，则民人田地反在边墙之外，致有顽苗伏草捉人偷窃之患。若依民人田亩界限周围筑墙，而重山深涧之中，高低曲折不一，难于筑造。今本部院会议，将旧日游巡塘汛兵丁移于民人田亩之外、与苗交界之处，设塘驻扎，即以今移之塘汛为界。嗣后内地奸民不得擅出塘汛，身入苗巢，勾引生事。在外之苗人亦不许擅入民地，使苗民分别，各安界限，以杜衅端。合行出示，通行晓谕。为此示仰该地方官吏兵民，并管苗土百户人等知悉。尔内地民人，各宜凛遵法纪，以保身命，不许深入苗巢，勾引生事，自投法网。如有奸民不遵禁令擅入苗地者，许里邻及土百户人等，即赴镇筸文武衙门首告查拿。该管之塘汛营兵亦不时巡查，盘获解究，以凭尽法处死。如或苗人偷越塘汛擅入民地者，塘汛游巡官兵亦即拿送，照例从重治罪。尔等民苗，各宜凛遵禁令，安分守法，以保身家性命，共乐熙朝圣世。不得故违，自取罪戾，后悔莫及矣。凛之，慎之。勿忽。

出示：五寨司城、得胜营、靖疆营、凤凰营、乾州、镇溪所、筸子坪、箭塘营。

康熙五十年九月　日。

为饬行事

总督湖广等处地方军务兼理粮饷兵部右侍郎兼都察院右副都御史加九级纪录十七次鄂，为饬行事。

照得镇筸有苗地方有等不法凶苗，多系藏于苗路两旁深草之中，窥伺捉人，肆行无忌。前经本部院会勘苗边，见苗路两旁，深草茂盛。目今已值草木枯槁之候，正宜将枯草放火焚烧。如不能烧之处，须用镰刀将两旁草木宽阔芟割，俾凶苗无处藏身为妥，合行饬知。为此照会该镇，查照来文事理，即便转饬各营将备，速将各该将所管汛地，各于苗民接壤出入大路、苗人可以伏草生事之处，将两旁深草，趁此零落枯槁之时，概行烧尽。倘有难于焚烧之处，须用镰刀芟割宽阔，不使顽苗伏草捉人，并令弁兵巡查，不得延烧民苗所居房屋，务使凶苗绝迹。仍取烧割过深草各地方，具文报查。毋违。

照行镇筸镇等因。除照会镇筸镇外，合并饬行。为此牌仰该道官吏即便转饬乾凤二厅，会同武职，一体遵照。速将烧割深草地方具文报查。毋违。

行辰沅道。

康熙五十年十月　日。

为恭报微臣回署日期事

总督湖广等处此方军务兼理粮饷兵部右侍郎兼都察院右副都御史加九级纪录十七次臣鄂海谨题，为恭报微臣回署日期事。

窃照臣奉旨，前往镇筸，同提臣、抚臣会勘苗地墙基情形。当将起程日期，具疏题报在案。臣于九月十九日，至镇筸地方，将苗边形势，公同周围逐一查勘。事竣，随于十月初一日，自镇筸起程，于十月二十四日已抵武昌府，驻札衙署。除会勘缘由，另疏具题外，所有微臣回署日期，理合恭疏题报。伏乞皇上睿鉴，施行。

奉旨：该部知道。

康熙五十年十月　日。

为访查镇筸红苗情形以固地方以靖边隅陈请睿鉴事

总督湖广等处地方军务兼理粮饷兵部右侍郎兼都察院右副都御史加九级纪录十七次臣鄂海谨题，为访查镇筸红苗情形以固地方以靖边隅陈请睿鉴事。

窃臣于康熙五十年七月初七日，恭具镇筸红苗边界墙基，请行修筑情由清折。内称：臣蒙皇上天恩，升授湖广总督。到任以来，遍访通省地方事务及万民生理。俱赖我皇上洪福，家给人足，欢呼乐业，即湖北彝陵、湖南（永）〔辰〕州等处土司，亦凛遵王化，畏法守分。惟镇筸生苗，越法生事。除总兵官张谷贞领兵驻扎池河营，查拿凶苗，将羁留在巢兵丁追出及撤官兵回营缘由，经臣另疏奏闻外，臣查镇筸界外生苗，自古以来不遵中原教化，妄行生事，由来久矣。自康熙四十二年，蒙皇上念及边隅生民，令满汉官兵援剿，将为首凶苗查拿正法，其余苗人尽蒙天恩宽宥招抚，安插原处。但苗人生性凶顽，不明人伦，贪残成俗，即见小利，亦为侵夺，以致往往生事无已。臣将苗人情形，细询土著年老兵民，皆云：苗人生同畜类，且贼性难移。倚深山茂草之势，捉人生事。情由虽真，不但苗人生事，即内地百姓奸恶之徒，不畏法度，私与苗人结亲往来，或耕种熟苗田地者亦有。此辈若有私仇，即偷出边外，密告苗人。或俟其往耕，或因其贸易，令其捉去。该地方官闻知，差人去说，如苗人不肯放回，被捉之家，有情急出银取赎。苗人将所得银两瓜分入己，是以苗人贪利，视为奇货。故常藏于茂林丛草之中，遇有行人，即便捉去，若被捉之人强横，即被伤害。该管官员闻知，领兵查拿，伊等若势众则相对拒捕，势弱则将人放回，否则逃匿深山，因此一时不能查获。虽有现行定例，不许民人出境，亦不许苗人入境。但边界无有墙垣，地方辽阔，随处皆可潜行出入，即有官兵严加巡查，焉能遍给？且苗人亦不敢结党同行，公然入界生事。俱系本地奸民勾引往来，所以不时生事等语。臣今差人将苗地形势绘成图样，又复询熟悉苗地之人，所言皆同。臣阅看图形筹思：苗人居处深山之中，如同畜类，不明伦理，不知国法，所以地方常有盗案。若不将边界严固，则内外不肖之徒，私相勾引生事。偷出潜入者，断断不能查拿禁止。臣愚以为，镇筸系湖广要地，莫若严固边疆，分晰内外。今查边境原有界墙，倾颓年久。若将此墙照陕西、甘肃等处边墙之例，修筑防御，分别内外看守，于地方甚有裨益。今将此墙，或二十里，或四十里，相其地势，各设门隘，派令官兵看守。或境内百姓出边耕种者，必令合伙，查明放出，至晚查验放进。若有熟苗入境，必问明情由，方许放进。并应于各门外，立成市集，或五日一集，或十日一集，民苗同至此地交易，仍委令官员巡查。如此则匪类无偷走之路，勾引生事之徒亦可查拿。傥苗人犯法，至界生事，仍照定例，令官兵出界拿凶苗正法，则生事恶苗可以永绝矣。

臣查湖南《辰州府志》书内开载，此墙长三百八十余里，高八尺，基宽五尺，以土修筑，共需银四万余两等语。查湖南、湖北除武职官员俸银外，自督抚以下、州县以上，一年应支俸工银两共有五万余两。伏思文职官员，皆受皇上天恩，已有养廉之资。此项俸工令其捐助，委令贤能官员于明春兴工，在于二年内修筑完工。如此则不糜费国帑，而镇筸地方得以宁静，亿万兵民俱受圣恩，各相安堵，世乐雍熙矣。臣至愚识浅，不能远筹。可否应行，伏乞皇上睿鉴指训。如蒙允臣所请，臣即减从前往，会同湖南巡抚臣潘宗洛、提督臣额伦忒，公同验看形势，并原墙基址，确议另疏具题外，谨将镇筸图样一并恭呈御览等因。

七月二十八日，奉皇上朱批：镇筸图样，览过数次。若照尔所议，似未能（傥）〔挡〕御红苗为非，须同提督、巡抚会勘好。钦此。于八月十七日，据臣赍折家人赍回到署。臣随咨移抚臣、提臣一体钦遵，前赴镇筸镇地方，公同逐一会勘外，该臣看得，镇筸红苗在边地生事，百姓不安。所以请勘边墙旧址，复兴修筑等情由具折绘图一并进呈御览。蒙皇上睿鉴，令臣同提督、巡抚会勘。钦此。臣等会同前至镇筸，据总兵官张谷贞称：红苗在地方捉人生事，系在边墙之外。因内地民人，仰赖圣主天威，出边耕种纳粮。是以苗人内有凶顽者，有时藏于茂林深草之中，遇往耕之人捉拿生事等语。臣等遂公同出边，自箭塘等处起，至乾州等处周围查勘。民人耕种山田者甚多，其地向南宽有十里至二三十里不等，东西约长二百余里。且民人村庄，又与熟苗错处，今若照旧基筑墙三百八十里，而民人田亩反在边墙之外。若照民人所种田亩边界筑墙，则重山深涧，高低不一，难以筑砌。是以臣等与总兵官张谷贞公同会议，将游巡旧墙边界官兵移于民人田亩之外。相其要地于铜锣关等盖造营房一十八处，令其驻扎巡防，则凶苗不敢入界，而熟苗亦不能为非，于地方大有裨益。又查，镇筸、乾州二处城垣坍塌不堪，俱系苗疆紧要城垣，理应一并修筑。其盖造营房约计需银四千二百余两，修理城垣需银五千余两。此项银两，自督抚以下、州县官员以上，将俸工银内酌量捐修，俟完工之日，造册报部。所有臣等会勘界外地亩情形，并应造营房之处绘图，一并恭呈御览。伏乞皇上睿鉴，敕部查照施行。臣等未敢擅便，为此具本，谨题请旨。

奉旨：该部知道。

康熙五十年十月　日。

为遵谕设立集场以便民苗交易事

总督湖广等处地方军务兼理粮饷兵部右侍郎兼都察院右副都御史加九级纪录十七次鄂，为遵谕设立集场以便民苗交易事。

本年十一月二十日，据镇筸镇呈称：据标下四营游击吴日光、张绍英、朱一隆、朱恩贵呈称，窃卑职等前奉本镇面谕，奉本部院宪谕，镇筸地方民苗俱以边墙为界，不许擅行出入。应于各营所属防汛地方，择其适中处所设立集场。每月定以日期，民苗会市交易。仍将立场地方并每月开场日期，会同联衔呈报，以凭通咨等谕。奉此。今卑职等公同会议，得中营汛属之宜都营、前营之箭塘营、右营之西门江、左营之窑头坡四处，俱系民苗出入适中之地，应于各该地方设立集场。每月定以初十、二十五二日，令民苗两次会集交易。即着该管百户与该汛弁目，带领兵丁监督稽查。令民苗集于辰时，散于午时，此外非会场日期不许擅集。及民苗私行出入外，所有遵谕设场地名及拟定民苗每月会集日期，理合联衔呈报等情转呈到本部院。据此，合就檄行。为此照会该镇，查照来文，牌仰该司道官吏、同知、通判，照牌事理，即便查照，移行该管文武各官，各于设场处所及通衢地方，大书告示，晓谕民苗一体凛遵。各于每月初十、二十五两日，齐集市场。辰集午散，公平交易，不得欺瞒，致滋衅端。此外，并不许擅行出入。至民人售卖货物，亦止须盐米服食等项，其余硝磺军器、有干禁令者，一概不许货卖。倘有民苗，于非会集日期，私行往来，以及盗卖硝磺违禁等物，立即严拿，按律究拟招报。该管各官亦不得借端滋扰疏纵，致干参究未便。

行辰沅道，乾同知，南布政、按察司，凤通判等因。除照行南布按二司、辰沅道、镇筸镇及乾凤二厅外，相应咨会。为此合咨贵都院、提督，烦请、为查照会行施行。

咨南抚、提督。

康熙五十年十一月　日。

为访查镇筸等事

总督湖广等处地方军务兼理粮饷兵部右侍郎兼都察院右副都御史加九级纪录十七次鄂，为访查镇筸等事。

康熙五十一年正月十七日，(淮)〔准〕兵部咨开职方清吏司案呈：奉本部送兵科抄出。据湖广总督鄂疏称：镇筸红苗在边生事，请勘边墙旧址修筑，具折绘图进呈。蒙皇上睿鉴，令臣同提督、巡抚会勘。钦此。臣等遂公同出边查看，民人耕种山田者甚多，民人村庄与熟苗错处，若照旧基筑墙三百八十里，而民人田亩反在边墙之外。若照民人田亩边界筑墙，则重山深涧，高低不一，难以筑砌。是以臣等会议，将游巡旧墙边界官兵移于民人地亩之外，于铜锣关等处盖造营房一十八处，令其驻扎游巡。又镇筸、乾州二处城垣坍塌，应一并修筑。其盖造营房需银四千二百余两，修理城垣需银五千余两。此项银两，自督抚以下、州县官以上，将俸工银内酌量捐修，俟完工之日，造册报部，并应造营房之处，绘图具题前来等因具题。

奉旨：该部知道。图并发。这本内清字遗落，注语不合，着饬行。钦此。科抄到部。除行文该督外，此抄毋庸议覆，应存，仍赴兵科注销可也等因呈堂。奉批：照议。为此合咨前去，查照施行等因到本部院。准此，合就抄疏檄行。为此牌仰该司官吏即便移行镇筸镇，辰沅道、乾凤二厅，将铜锣关、教场坪、新寨、火烧滩、盛华、长坪、香炉山、骆驼冲、木里、司门前、老婆潭、三角岩、龙滚、赛金塘、重郎坡、强虎寨、平郎、溪头一十八处官兵移驻巡防。其盖造营房，并镇筸、乾州二处城垣坍塌，应行修筑之处，二项共需银两，查照题疏内应用数目，自督抚以下、州县官以上，于北南两省俸工银内酌量各应捐数目，速议明白，造册具详批夺。一面速将银两，照数先行移交辰沅道查收，兴工其应需督理之员，应令镇筸镇总兵官暨辰沅靖道二员，总理其事。应派营弁听箪镇派出。至于文职，应令乾凤二厅为协理。如尚需员分理，应另行检选详委。所有议捐工价银两，俱移交辰沅靖道查收，给发应用。务必监造坚固，以垂永久，毋许破冒草率。俟完工之日造册，由司核造总册详赍，以凭核明送部。均毋迟违。

计发抄疏一本，行南布政司等因。除行南布政司外，合并抄疏，并应修营房之处，进呈图样底稿绘画。照发。为此会照该镇，即便查照。题定铜锣关等一十八处，俟两藩司移解议捐俸工银两到箪。该镇与辰沅靖道总理其事。该镇即派出才能营弁，会同料理盖造营房，务必按图，相其地势，扼其险要，坚固建造，以垂永久。营房盖造完日，拨发官兵移营驻扎。仍将盖造营房各若干间，于何日兴工，何日完工，某处移拨弁兵若干名，系于何月日移驻，分晰呈报，以凭具题。至于用过银数，另行逐一开造清册，呈赍查核，并造移南藩司汇册，详赍送部。均毋迟违。再盖造营房之时，令各游巡弁兵，时勤巡防，毋容苗人在彼生事滋扰。如有疏纵，定将游巡汛防将弁指参不贷。

计发抄疏一本、图一张，照会镇箪镇等因。除照会镇箪镇外，合并檄行。为此仰道官吏即便知照该道与箪镇总理其事，将盖造营房、修理城垣之处听箪镇派出武弁，其文职令乾凤二厅协理。如尚需员分理，该道即会同南藩司，拣选能员，详委分理。至于议捐工价银两，听两藩司详定。移解该道，收明给发应用，仍将收银数目并兴工日期具报。毋违。

行辰沅道等因。除行辰沅靖道外，合并檄行。为此仰司官吏即便知照，仍将湖北应将俸工银数，与南藩司会议明白，造册具详。一面先将银两，速行照数移解辰沅靖道，收明支用，仍将移送日期具报。毋违。

行北藩司、南臬司等因。除行北布政司外，相应咨会。为此合咨贵都院、提督，烦请、为查照施行。

咨北南抚、提督。

康熙五十一年正月　日。

为访查镇筸等事

总督湖广等处地方军务兼理粮饷兵部右侍郎兼都察院右副都御史加九级纪录十七次鄂，为访查镇筸等事。

案于康熙五十一年正月十七日，准兵部咨云等因咨移到本部院。准此，当经檄行北南布政司遵照，将应捐银两，照数移解辰沅靖道查收兴修。去后，嗣据该司等详称：五十一年官役俸工银两，业经详题拨补，应俟部覆允拨，至日照数扣解等因在案。今准北抚都院移准，贵部咨开，湖北五十一年俸工等银，应俟五十二年地丁钱粮开征之日另拨补给等因前来。为照镇筸地方，盖造营房、修理城垣一案，先经本部院等奉旨，亲临会勘，题允。准于通省督抚以下、州县官员以上，捐俸兴修。今贵部既将俸工银两议于五十二年拨补，是各官本年并无俸银可捐。但查镇筸、乾州二处城垣，今既无俸捐解，尚可缓，俟来年动工修理。至于盖造营房之处，原因民人出边耕种，致有顽苗生事扰害。是以议将营汛移于民人地亩之外，驻札游巡，以卫民生，未便迟缓。兹似应将此项银两，照依原估四千二百余两之数，在于北南藩司现经存库银内，先行动给垫用。统俟五十二年拨补俸工之日，照数扣还库项。如此一转移间，奉旨盖造营房急务，得以早竣，而库项亦清。所动银两为数无多，相应会同北抚都院刘、南抚都院潘，咨请部示，以便转行遵照。为此合咨贵部，请烦查照施行。咨户部等因，除咨户部外，相应咨明。为此合咨贵部，请烦查照施行。咨兵部等因，除咨户部及兵部外，相应咨会。为此合咨贵提督，烦为查照施行。

咨提督。

康熙五十一年四月　日。

为访查镇筸等事

总督湖广等处地方军务兼理粮饷兵部右侍郎兼都察院右副都御史加九级纪录十七次鄂，为访查镇筸等事。

照得镇筸地方盖造营房、修理城垣一案。先经本部院等，亲临会勘、题允。准于通省督抚以下、州县官员以上，捐俸兴修。行据该司详称：五十一年官役俸工银两，业经详题拨补，应俟部覆允拨，至日照数扣解等因在案。今准北抚都院移准，户部咨开，湖北五十一年俸工等银，应俟五十二年地丁钱粮开征之日另拨补给等因前来。本部院随查户部既将俸工银两议于五十二年拨补，是各官本年并无俸银可捐。但镇筸、乾州二处城垣，今既无俸可捐，尚可缓，俟来年动工修理。至于盖造营房之处，原因民人出边耕种，致有顽苗生事扰害。是以议将营汛移于民人地亩之外，驻札游巡，以卫民生，未便迟缓。似应将此项银两，照依原估四千二百余两之数，在于北南藩司现经存库银两，先行动给垫用。统俟五十二年拨补俸工之日，照数扣还库项等因。已经会同北南抚都院咨请部示外，合并檄行。为此牌仰该司官吏即便遵照，将前项盖造营房银两，照数于司库内先行动支。差员解赴辰沅道查收，及时购料兴修。若俟部文到日，必致迟误工程，仍将动支款项数目，并起解日期，具文报查。毋违。

行北南布政司等因。除行北南布政司外，合并檄、照行。为此牌仰照会该镇道官吏即便遵照。俟藩司委解银两至日，照赴道之数查收，转发乾凤二厅，买备物料，日选差委弁员，协同乾凤二厅及时兴工修造。毋得刻迟。仍将收明银数并兴工日期报查。毋违。

照行镇筸镇、辰沅道。

康熙五十一年四月　日。

为访查镇筸红苗情形以固地方以靖边隅陈请睿鉴事

总督湖广等处地方军务兼理粮饷兵部右侍郎兼都察院右副都御史加九级纪录十七次臣鄂海谨题，为访查镇筸红苗情形以固地方以靖边隅陈请睿鉴事。

该臣看得，镇筸地方形势，先经臣等遵旨，亲临绘图，恭呈御览。于民人田亩之外铜锣关等一十八处，移造营房，令官兵驻札游巡，需用工料银四千二百余两。又镇筸、乾州二处城垣俱属坍塌，应一并修筑，需银五千余两。此二项银两，自督抚以下、州县官以上，将俸工捐造具题。奉旨俞允在案，接准部文，转行湖北、湖南布政司，将应捐银两，照数移解辰沅靖道，查收兴造。嗣准湖广抚臣咨准，户部咨开：五十一年俸工银两，应俟五十二年地丁钱粮开征之日，另拨补给。臣查城垣尚可缓，俟明年修理。其移造营房，未便迟缓。今民人出入耕种，恐有顽苗扰害，故请于北南藩司现今存库银内，照数暂先借用。俟明年部拨俸银之时，照数还库情由咨部。今准户部咨称：事关借动钱粮，不便据咨遽议，应令具题到日再议等因。臣查盖造营房需银四千二百余两，为数无多。既各官本年无俸银可捐，应于北南藩司存库银内先行借动兴造，俟明年拨补俸银之时，照数扣还库项。一转移间，盖造营房不致迟误，于游巡边疆大有裨益矣。臣谨会同湖广抚臣刘殿衡、偏沅抚臣潘宗洛合词具题。伏乞皇上睿鉴，敕部议覆施行。

奉旨：该部知道。

康熙五十一年七月　日。

为访查镇筸等事

总督湖广等处地方军务兼理粮饷兵部右侍郎兼都察院右副都御史加九级纪录十七次鄂，为访查镇筸等事。

康熙五十一年七月初九日，准户部咨开湖广清吏司案呈：查得楚督鄂咨称，镇筸地方盖造营房、修理城垣一案，先经题准，于通省捐俸兴修。今奉部将俸工银两于五十二年拨补，是本年无俸可捐。但那移营汛、盖造营房之处，未便迟缓。应照原估银四千二百余两之数，在于北南藩司存库银内先行动给垫用。俟五十二年拨补俸工之日，照数扣还库项。相应咨请部示等因前来。

查镇筸地方盖造营房、捐俸兴修之处，该督虽称未便迟缓，请于存库银内先行动给垫用等语。但事关借动钱粮，不便据咨遽议，应令该督具题到日再议可也。合咨前去，查照施行等因到本部院。准此，除即具疏于七月十三日，会同北南抚都院具题，讫合就抄看补行。为此仰司官吏即便知照施行。

行北南布政司。计粘抄疏看一纸。

康熙五十一年八月　日。

为访查镇筸红苗情形等事

总督湖广等处地方军务兼理粮饷兵部右侍郎兼都察院右副都御史加九级纪录十七次鄂，为访查镇筸红苗情形等事。

康熙五十一年九月二十三日，准户部咨开湖广清吏司案呈：户科抄出湖广总督鄂题前事。康熙五十一年七月十三日题：八月初四日，奉旨：该部知道。钦此。抄出到部。查得楚督鄂疏称：镇筸地方移造营房、修理城垣，需银九千余两，将俸工捐造具题。奉旨俞允在案。嗣准部咨：五十一年俸工银两应俟五十二年地丁钱粮开征之日，另拨补给等因。但城垣尚可缓，俟明年修理，其移造营房未便迟缓，需用银四千二百余两，应于北南藩司存库银内借动兴修。俟明年拨补俸银之时，照数扣还库项等因前来。查该督既称镇筸地方移造营房未便迟缓等语，应如所请，在于北南藩库五十一年杂税银两借支动用。仍俟五十二年俸工拨给之日，照数补还库项，报部查核可也。为此合咨前去，查照施行等因到本部院。准此，合就檄行。为此牌仰该司官吏即将前项盖造镇筸营房已解银两，遵照部文，于五十一年杂税银内按款借动。俟五十二年拨给俸工之日，照数扣补，清还库项，仍造册呈请报部。毋违。

行北南布政司。

准此，除行北南布政司外，相应咨会。为此合咨贵都院，烦请查照施行。

咨北南抚。

康熙五十一年九月　日。

为报明红苗感戴天恩革其凶心以向圣化来省投诚事

总督湖广等处地方军务兼理粮饷兵部右侍郎兼都察院右副都御史加九级纪录十七次臣鄂海谨题，为报明红苗感戴天恩革其凶心以向圣化来省投诚事。

案于康熙五十年十二月十二日，据前任镇筸镇总兵官张谷贞、护辰沅靖道事辰州府知府迟煓、凤凰营通判黄澍各呈称：前奉宪行招抚毛都塘逃匿苗人及未顺红苗。遵即差押土百户阙世信等前往招抚。而该寨内，有从前逃入深山，今抚后陆续搬回本寨，并从前已抚抗粮各苗寨，今俱输诚向化，情愿赴省叩见，并差委百户阙世信等，管送毛都塘寨长苗人吴老化、吴老季、吴老六、吴老吼等，前来武昌省城，到臣驻扎衙门投诚叩谢，并据开报六十户，人口一百零五名。臣复谕令苗人，各宜感沐皇恩，凛遵国法，安分守己，以保身命。随每名赏给银牌衣布及盘费银两，令其照旧仍回本寨安生矣。

今于康熙五十一年二月初二日，又据镇道厅差令百户陈一美等，管送仡老寨、亡脑寨寨长苗人石桐禾、石老到、石老臣、石老二等，到省投顺。据开报一十八户，壮丁男妇户口子女共一百一十二名口。又于本年二月十八日，据镇道厅差令百户谭世仁等，管送夯柳寨寨长苗人吴老八、吴老管到省投顺。据开报一十三户，男妇户口六十名口。又于本年三月十七日，据镇道厅差令百户阙世信等，管送老家寨并新抚之猿猴寨、岩板井寨长苗人龙老化、龙老冬、龙老宰、龙老叶、吴老晚等至省投顺。据开报老家寨十二户，壮丁男妇共三十名。猿猴、岩板二寨，壮丁男妇八十名口。又于本年四月十三日，据镇道厅差令百户侯国选、向大礼等管送新抚之都苏寨、下枫木坪寨，并盘若寨、上枫木坪寨，寨长苗人吴老铁、季沱子、吴老保、吴老格、吴老金、龙老马、吴老课、吴老炮等，到省投顺。据开报共五十户，壮丁户口共一百七十名口。又于本年四月二十四日，据镇道厅差令百户兵丁田弘道、田弘应、张弘暹、张弘任、王天瑞等，管送中麻冲、上麻冲、上劳神寨、下劳神寨，及新抚之上雀儿寨、下雀儿寨等六寨，并龙朋、科甲、欙木寨、巴夭寨、下水寨、鸡公垇、斩车、古煞、旦喇、其娄、减恶、慨上水、猪屎寨、孤耻、敢扒、窝排、巴柯、已齐、减列、排略、木龙洞、梛米流上寨、米流下寨、报木上寨、报木下寨、岩位上寨、岩位下寨、小新寨等二十九寨，寨长苗人吴老尔、廖老二、吴三哥、廖老包、吴德胜、吴老二、杨老田、杨老那、龙老丑、龙老沙、龙老满、龙老柳、吴老满、石奇龙、石老饿、石荣山、石思保、龙老敖、龙为禾、石老有、龙老柳[①]、龙老求、吴四官、龙老积、龙老皮、龙使东、龙老养、石老虎、龙大金、龙老黑、龙老长、石老有、吴老莽、吴保若、吴贵儿、吴老双、龙老你、龙老业、石季宰、龙老田、龙老元、石老于、田老五、石老务、龙老两、石老登等，到省投顺。据开报，共六百九户，壮丁男妇共二千一百九十名口。又于本年五月初七日，据镇道厅差令百户吴正先、吴正贵等，管送芭茅坪即从前已抚之五头寨，并新抚之葫芦（塞）〔寨〕、毛冈寨，及原抚之岩蜡寨、板凳寨、池河营，各寨长苗人龙老二、龙六保、龙求二、龙老文、龙乔保、吴老养、龙贵六等，到省投顺。据开报四十户，共户口二百六十五名口。以上各寨寨长苗人等，臣俱逐起照前宣谕皇恩，并逐名赏给银牌、衣布、银两。此后务宜安分守法，永为良苗，不许犯法生事，仍令各回本寨讫。该臣看得，镇筸边外红苗，僻居深山累世，生性凶顽。臣于康熙五十年九月间，奏请前赴镇筸查看边界之时，除前归顺红苗外，闻毛都塘苗人最为强悍，虽称归顺，并未纳粮，犹在地方生事，匿处

---

① 与上文重名，原文如此。

深山。臣同抚、提二臣，前至毛都塘。近于苗寨，即差人入寨，唤其苗头。而苗头吴老铁因病未出。着伊弟吴老汉及伊子吴老三，来至臣前，叩首伏罪。臣等将皇上天威圣仁宣知，令其改过前非，务必实心率领寨苗归诚。去后，臣等又在各苗寨内，经过访查，山内尚有未顺红苗甚多，若不尽行招抚投诚，恐致勾引熟苗生事为非。随选能干会说苗话土百户人等，各给委牌、盘费，使入各苗巢，宣布皇上天威好生大德招抚。去后，随据该镇道厅，陆续差土百户等，将招抚归顺之毛都塘、仡老、亡脑、夯柳、老家、上枫木坪、中麻冲、上下劳神、上麻冲、盘若、芭茅坪、岩蜡、板凳、池河等十五寨，及龙朋等二十九寨，并将苗地极边之猿猴、岩板井、都苏、上下雀儿、下枫木坪、葫芦、毛冈等八寨红苗，一并招抚，共五十二寨，苗头吴老化等七十六人，先后送至省城投诚。臣询，据（细）〔红〕苗口称：我等皆世住深山，愚蠢苗人，从来未闻皇上天威圣仁大德。今招抚我等之人，备细说明。是以我等苗人方得知道，从今改过前非，实心对天立誓吃血，剃头归顺。我等共有八百二户，大小人口共三千一十二名，呈报数目投顺。内有龙朋等寨红苗，虽前系永顺土司招抚，未有纳粮。今情愿赴省投诚，在镇筸纳粮等语。臣看红苗世处深山，从未见内地城郭人民之富庶，兵马之多，威严之盛，今来省归诚，沿途亲见，各皆恐惧之至。臣复宣圣主隆恩，爱养一切生民，如同赤子，并晓谕国法。各苗头随叩首，咸称我等回去，遍告众苗，谨记于心，世为良苗，每年纳粮等语。除抚、提臣赏给银布外，臣随赏给苗头等，每名缎衣一套、细布十五匹、银牌一面、盘费银二十两，各欢呼踊跃而去。此皆我皇上圣仁大德感化，以至数千里外红苗，前来武昌投顺。实亘古未有之旷典，楚省民人见闻，莫不骇异称颂。臣将红苗户口数目，行令南布政司查明，造具清册，另行送部。今各寨红苗，虽俱已招抚前来。但苗地广远，又有深山大谷，恐尚有潜匿者，亦未可定。臣若单差土百户前去，诚恐山路崎岖窎远，不能遍查。臣复选苗头内竭蹶效力者，给与盘费，同土百户等，复令入山，将有无潜匿之处通为查明，到日另行奏闻外，所有现今招抚红苗，齐至武昌省城归顺情由，臣谨会同偏沅巡抚臣潘宗洛、湖广提督臣额伦忒合词具题。伏乞皇上睿鉴，敕部查照施行。为此具本，谨具题知。

奉旨：据奏毛都塘等处五十二寨红苗吴老化等三千一十二人实心改过，剃头至武昌省归顺等语。红苗等皆盘踞深山，生性凶恶，自古以来，并未归顺。总督鄂海等为地方民生，实心效力，深入苗窝，设法招抚，殊为可嘉。着将在事官兵议叙。该部知道。

康熙五十一年五月　日。

为报明红苗感戴天恩等事

总督湖广等处地方军务兼理粮饷兵部右侍郎兼都察院右副都御史加九级纪录十七次鄂，为报明红苗感戴天恩等事。

康熙五十一年七月十三日，准兵部咨开职方清吏司案呈：奉本部送兵科抄出。据湖广总督鄂疏称：镇筸边外红苗僻居深山累世，生性凶顽。臣于康熙五十年九月间，前赴镇筸查看边界。同抚、提二臣前至毛都塘，近于苗寨，宣布皇上天威好生大德招抚。去后，随据该镇道厅，陆续差土百户等招抚归顺。毛都塘等共五十二寨苗头吴老化等七十六人来省归诚，将户口数目行令南布政司查明，造具清册，另行送部外，所有现今招抚红苗，齐至武昌省城归顺情由，臣谨会同具题等因具题。

奉旨：据奏，毛都塘等处五十二寨红苗吴老化等三千一十二人实心改过，剃头至武昌省归顺等语。红苗等皆盘踞深山，生性凶恶，自古以来并未归顺。总督鄂海等为地方民生，实心效力，深入苗窝，设法招抚，殊为可嘉。着将在事官兵，议叙具奏。该部知道。钦此。应行令该督将此案在事官兵造册，到日议覆可也等因。呈堂奉批：照议。送司。案呈到部。合咨前去，钦遵施行等因到本部院。准此，合就照、檄行。为此照会该镇牌仰该道官吏、同知、通判，即将本部院暨抚都院、提督，并前任镇筸镇张亲到毛都塘苗寨招抚。之后，本部院即回至镇筸，传齐土百户田弘道等二十九名，分给委牌二十九张，令其身入苗巢，宣布皇上天威，招抚谕令各寨苗人出巢投顺。今各寨苗人俱至武昌省城投顺，外今该镇道厅查投诚之某寨系土百户某某等，并某营将备差千把，总某人兵丁，某人某衙门差役，某人同土百户入巢招抚。本管之道厅某某，本管之武职某某，料理将某寨苗人送至武昌，逐一细加查明，确实造明清册，呈送以凭查核，送部议叙，恐有希图议叙，竟将不在事人员混行添入，造报本部院与前文查对察出未便。速速。

计发抄疏一本，照行筸镇、辰沅道，乾凤二厅，马羽等因。除照行筸镇、辰沅靖道，乾凤二厅外，合并檄行。为此仰司官吏即便知照，饬将该道厅造具清册，驰赍以凭。送部。毋违。

行南布政、按察司马，计发抄疏一本等因。除照行筸镇、辰沅道，乾凤二厅，并知照南布政二司外，相应咨会。为此合咨贵都院、提督，烦请、为查照施行。

咨南抚、提督。

康熙五十一年七月　日。

为恭请恳留边地能员事

总督湖广等处地方军务兼理粮饷兵部右侍郎兼都察院右副都御史加九级纪录十七次臣鄂海谨题，为恭请恳留边地能员事。

该臣看得，偏沅抚臣潘宗洛咨称：镇筸凤凰营通判黄澍捐升同知，奉部文令黄澍离任候补等因到臣。臣查镇筸凤凰营通判一官，设处苗疆，必须熟悉苗情之员始克胜任。今镇筸边外，从前匿处深山，未经归顺之红苗，俱感戴皇上天恩圣德，已招抚五十二寨苗头吴老化等七十六人，陆续赴至武昌省城投诚，开报大小人口三千余名。业经奏开，复令地方官查明，造册报部。一面仍将红苗有无潜匿深山，令该管官员差土百户等遍行详查，且新补镇筸道员尚未到任，乾州同知周全功亦系初到，尚未谙练边务。惟有通判黄澍在任年久，熟悉苗情，才能之员，现在扶苗之事竭诚效力。若照捐升同知令其离任候补，则边地无有谙练旧员，而承查新抚红苗户口事件，无办理之人。伏乞皇上睿鉴，俯念抚苗之事尚在未完，将通判黄澍仍留原任，以资办理，遇应升之期，照同知升转庶，于苗疆事务甚有裨益矣。臣谨会同偏沅抚臣潘宗洛合词具题。伏乞皇上睿鉴，敕部议复施行奉旨。黄澍着照该督所请，留任候伊应升之缺。该部知道。

康熙五十一年五月　日。

为恭请恳留边地能员事

总督湖广等处地方军务兼理粮饷兵部右侍郎兼都察院右副都御史加九级纪录十七次鄂，为恭请恳留边地能员事。

康熙五十一年七月初八日，准吏部咨开文选清吏司案呈：吏科抄出湖广总督鄂会同偏沅巡抚潘题前事。康熙五十一年六月十五日奉旨，黄澍着照该督所请，留任候伊应升之缺。该部知道。钦此，钦遵。相应行咨合咨前去，钦遵查照施行等因到本部院。准此，合就檄行。为此票仰该司官吏、通判即便移行，钦遵，知照。毋违。

行南布政、凤通判马。

准此，除行南布政司并凤通判外，相应咨会。为此合咨贵都院，烦请钦遵查照施行。

咨南抚。

康熙五十一年七月　日。

为报明红苗感戴天恩等事

总督湖广等处地方军务兼理粮饷兵部右侍郎兼都察院右副都御史加九级纪录十七次鄂，为报明红苗感戴天恩等事。

康熙五十一年七月十三日，准兵部咨开职方清吏司案呈：奉本部送兵科抄出。据湖广总督鄂疏称：镇筸边外红苗僻居深山累世，生性凶顽。臣于康熙五十年九月间，前赴镇筸查看边界。同抚、提二臣前至毛都塘，近于苗寨，宣布皇上天威好生大德，招抚。去后，随据该镇道厅，陆续差土百户等，招抚归顺。毛都塘等共五十二寨苗头吴老化等七十六人来省归诚，将户口数目行令南布政司查明，造具清册，另行送部外，所有现今招抚红苗，齐至武昌省城归顺情由，臣谨会同具题等因具题。

奉旨：据奏，毛都塘等处五十二寨红苗吴老化等三千一十二人实心改过剃头，至武昌省归顺等语。红苗等皆盘踞深山，生性凶恶，自古以来并未归顺。总督鄂等为地方民生，实心效力，深入苗窝，设法招抚，殊为可嘉。着将在事官兵，议叙具奏。该部知道。钦此。应行令该督，将此案在事官兵造册，到日议覆可也等因。呈堂奉批：照议。送司，案呈到部，合咨前去，钦遵施行等因到本部院。准此，随移行，一体钦遵。去后，今本部院查照原据镇道厅呈报，招抚毛都塘等投诚红苗五十二寨红苗吴老化等男妇三千一十二人，在事文武官弁职名，并本部院差委入巢招抚之土百户、寨长，及镇道厅分委兵役人等各姓名，查照原报文册逐一开造清册咨送，以听议叙者也。为此合咨贵部，请烦查照施行。

计咨送册一本，咨兵、吏二部等因。除咨兵部、吏部外，相应咨会。为此合咨贵都院、提督，烦请、为查照施行。

计咨送册一本，咨南抚、提督。

康熙五十一年八月　日。

为报明红苗感戴天恩等事

总督湖广等处地方军务兼理粮饷兵部右侍郎兼都察院右副都御史加九级纪录十七次鄂，为报明红苗感戴天恩等事。

为照镇筸红苗，先经招抚毛都塘等五十二寨，已遵旨将在事文武官弁职名，并本部院差委入巢招抚之土百户、寨长，及镇道厅分委兵役人等各姓名，查照原报文册，逐一开造清册。咨送贵部议叙在案。今查所送册造兵丁，未据该镇厅将系某营某项之兵，分别注明。相应开明补咨。为此合咨贵部，请烦查照施行。计开：

一、册造招抚毛都塘兵丁王昌元，今查系镇筸镇前营马战兵。

一、册造招抚仡老等寨兵丁曾上彩，今查系凤通判管辖守兵。

一、册造招抚夯柳寨兵丁段国臣，今查系镇筸镇右营守兵。

一、册造招抚老家等寨兵丁王昌元，今查系镇筸镇前营马战兵。

一、册造招抚都苏寨兵丁王元，今查系镇筸镇右营守兵。

一、册造招抚盘若等寨镇兵王天瑞，今查系镇筸镇右营步战兵。又，厅兵曾上彩系凤通判管辖之守兵。

一、册造招抚龙朋等寨镇兵王元，今查系镇筸镇右营守兵。又，厅兵杨富系乾同知管辖之守兵。

一、册造招抚葫芦等寨镇兵吴邦学，今查系镇筸镇中营步战兵。

咨兵部。

康熙五十一年　月　日。

为镇筸各寨红苗感戴天恩俱已尽数归诚事

总督湖广等处地方军务兼理粮饷兵部右侍郎兼都察院右副都御史加九级纪录十七次臣鄂海谨题，为镇筸各寨红苗感戴天恩俱已尽数归诚事。

窃查镇筸边外红苗，除前招抚三千余名口，已经会疏题报在案。臣以为僻处深山生苗，若不尽行招抚，恐又在边疆生事。分遣土百户等并苗头，复令入山，将所有红苗尽行招抚。去后，随于康熙五十一年五月二十四日，据镇筸镇总兵官韩永杰、护理辰沅靖道事辰州府知府迟煓、凤凰营升任同知仍留管理通判事黄澍，差令土百户吴董官、镇筸镇中营管队任大才、差役乔自龙，各差管送到新抚盘塘窝苗人龙天保、吴老正，上岩口苗人吴老利，下岩口苗人吴老晚，太平山寨苗人龙正国，响导苗人吴老化、吴老晚、龙老始、吴史保、石老冬、吴柳补、吴老四，共苗人十二名，到武昌省城投顺。据开报二十七户，男妇子女共一百二十名口。又于本年七月十三日，据镇筸镇总兵官韩永杰、护理辰沅靖道事辰州府知府迟煓、乾州同知周全功，差令土百户侯观音、侯国选等，各差管送到新抚上鬼疑溪苗人龙老史、吴老穷，米坨寨苗人石老滕、石老柳，麻栗湾苗人石打六，响导苗人吴老柯、吴老铁等七名，到武昌省城投诚。据开报，三十一户，男妇子女共一百一十七名口。又于本年七月十五日，据镇筸镇总兵官韩永杰、护理辰沅靖道事辰州府知府迟煓、凤凰营升任同知仍留管理通判事黄澍，各分差把总熊先、土百户向大礼，兵丁刘之芳、李世俊，差役姚勋，管送新抚九寨内豆沙苗人吴老寅、吴老保，黄老坪苗人石老流、石老招，桐木寨苗人吴老摇、龙老养、龙老包、吴老擢，麻阳寨苗人吴三，管重寨苗人吴老铁、龙老寿，岩板寨苗人吴老化，新峑寨苗人吴老扭，上龙蛟洞苗人吴老诲、吴晚金，并原抚后抗粮之排路良苗人龙老晚，及招苗响导苗人吴老保、石老景、石老六、龙老晚、吴当梳、吴老青、吴老党、吴岩保、吴老纲、吴柳补、龙老乔、吴老四、吴老会、龙老文等三十名，到武昌省城投诚。据开报共九十五户，男妇子女共三百二十七名口。又于本年七月十五日，据镇筸镇总兵官韩永杰、护理辰沅靖道事辰州府知府迟煓、凤凰营升任同知仍留管理通判事黄澍，差令土百户谭世仁、兵丁李世俊、差役姚勋，管送新抚下龙蛟洞苗人吴老二、吴老乔、吴使保，磨须寨苗人吴老管，岩洞寨苗人吴老乜，并抚苗吴老八、龙老三、龙五叶等八名，到武昌省城投顺。据开报，三寨共二十六户，男妇子女共一百四十九名口。又于本年七月十五日，据镇筸镇总兵官韩永杰、护理辰沅靖道事辰州府知府迟煓、凤凰营升任同知仍留管理通判事黄澍，差令土百户王占魁、兵丁李荣、差役蓝茂祥，管送新抚竹山坡上寨苗人龙五十、龙老景，竹山坡下寨苗人龙老坐、龙老金，田冲寨苗人龙老猫，共五名，到（五）〔武〕昌省城投顺。据开报，三寨共二十四户，男妇子女共一百二十名口。又于本年七月十五日，据镇筸镇总兵官韩永杰、护理辰沅靖道事辰州府知府迟煓、凤凰营升任同知仍留管理通判事黄澍，差令土百户向大礼、王占魁、滕元海，兵丁李荣，差役姚勋、蓝茂祥等，管送新抚香炉坡苗人龙老六，抚苗坪苗人龙求二，歇场坳苗人吴三十，上下茶山苗人吴老求、吴老贵，硬寨苗人龙老六，苗路寨苗人麻老丧，大头坡苗人麻老郷，中麻冲苗人麻老石、麻老芒，并抚苗龙老元、龙老章、龙老哥、龙老鹅、龙老求，并九寨苗人，共十五名，到武昌省城投顺。据开报，共六十一户，男妇子女共二百四十名口。又于本年七月二十六日，据镇筸镇总兵官韩永杰、护理辰沅靖道事辰州府知府迟煓、乾州同知周全功，差令土百户张弘暹，兵丁杨富、黄朝臣、王元，差役杨正雄、陈刚，管送新抚岩柯寨苗人石老伞，沙黑寨苗人龙新官、龙老杓，朋井寨苗人吴老景，排烧寨苗人石老六、石杨凤，得者寨苗人龙老寅，鹅栗树苗人龙老泥，构皮寨苗人龙老儿，百耕寨苗人龙老若，喇鸡寨苗人石老求，排邦寨苗人杨双隆、石三寿，果打寨苗人龙老仡，墨戎寨苗人龙老章，并抚苗通事张天福、石后山、石老有、吴老牡、吴老金、石双保、石老后、廖老黑、吴老仡，共二十四名。据开报，十二寨共一百一十户，男妇子女共三百六十一名口。又于本年八月初三日，据镇筸镇总兵官韩永杰、护理辰沅靖道事辰州府知府迟煓、乾州同知周全功，差令土百户吴贵三、差役查茂武、兵丁李启英等，管送新抚打草坡苗人石德鲊，高一寨苗人吴老要，雀儿窠苗人吴老三，斛桶寨苗人龙张保，螃蟹寨苗人吴晚儿，岩板寨苗人龙老使，补脑寨苗人石冬月，木寨苗人石老师，老为田苗人石老亩，岔勒寨苗人石老冒，豹子寨苗人龙老惹，鬼溪苗人龙老爽，打沙寨苗人龙老计，打沙下寨苗人龙老使，坡脚寨苗人吴六儿，约冲寨苗人石老葛，董怕寨苗人石保身，溪口寨苗人吴新乔，并抚苗石老才、石老柳、石老尔、吴老桑、廖老二、石老勒、石三斤、吴乔保、吴老饷、吴老仡、石把宗、龙老保、龙老薅、吴老儿、龙老猴等三十三名，前到武昌省城投顺。据开报，十八寨共一百户，男妇子女共二百七十一名口。又于本年八日初三日，据镇筸镇总兵官韩永杰、护理辰沅靖道事辰州府知府迟煓、乾州同知周全功，差令土百户张弘任、吴贵三、陈一美、田养世、胡景葵，差役查茂武、滕立鸾、曾贵、滕仁灿，兵丁李启英、黄朝臣，管送新抚排门寨苗人龙计保，雷公洞苗人龙晚哥，龙洞寨苗人龙老春，水孔寨苗人石老稞，牛角寨苗人龙老元，桂庙寨苗人石寿儿，得壤寨苗人龙七月、龙团圆，破口上寨苗人龙告化，破口中寨苗人龙老仡，蜡物寨苗人石老马、石老冒，岩堪寨苗人石老二、石老为，排楚寨苗人杨老那，夯补西苗人龙寄隆、杨仲葵，并抚苗龙老上、石三十、吴老三、石老嫩、龙老补、石老牙、吴使保、杨五、石老蟒、石同禾、石二黄、杨中秋、石老幺、洪老济，共苗人三十一名，前来武昌省城投顺。

据开报，十三寨共一百二户，男妇子女共二百九十名口。又于本年八月初九日，据镇筸镇总兵官韩永杰、护理辰沅靖道事辰州府知府迟煓、乾州同知周全功，差着土百户梁正高、田仁顺、田弘道、田弘应，目兵丁王国兴、李世俊，差役陈尚忠、邓之道、李枝宓等，管送新抚旗都寨苗人龙党溜、龙老傍，略顺寨苗人龙老六、龙老巴，东排寨苗人石三喜，排糯寨苗人龙寄名，补使寨苗人龙傍隆，白果树苗人吴老爽，小地良坡苗人吴老叟、吴老柳，上羊官冲苗人龙老七，彼佗寨苗人吴老纳，并往抚苗目寨长杨国楚、石钱山、石傍龙、石老佳、石老五、龙老寅、廖老包、廖斋公、廖老七、吴老俨、吴三哥等九寨，计苗人二十三名，前来武昌省城投顺。据开报，共六十二户，男妇子女共一百八十五名口等情。先后前来省城投顺。以上续抚共八十三寨，计六百三十八户，通共男妇大小二千一百八十一名口，内到武昌省城投诚苗人龙天保等一百零八名，并招抚苗人吴老柯等八十名。臣俱逐起询问：各苗于前招抚之时，缘何不一并投诚，待复差人去方始投顺？据称：我等俱住在镇筸极边大山内，崇山卫及与贵州边界等处。前次抚苗人等，不能到我们住处。近有新顺苗人，越山来到各寨，宣布皇上天威大德，将红苗尽行招抚，与内地民人一视爱养。又说：知伊等到武昌投顺情由，我们苗人以为罕闻，遂各相商议，俱愿归诚圣主。将招抚人等邀入寨内，在伊等面前率领我们的男妇大小共二千一百八十一名口，对天立誓，剃头尽行归顺等语。臣俱逐起按名，赏给银牌、衣布、银两。仍各令原管送土百户，带领回本寨讫。该臣看得，镇筸边外红苗，除前招抚三千余名外，臣以为僻处深山生苗，若不尽行招抚，恐又在边疆生事。遂复选土百户等，并红苗头目，复令入山，将所有红苗尽行招抚。去后，兹据镇筸镇总兵官韩永杰、护理道事知府迟煓等呈称：复差去土百户等带领苗目吴老柯等，深入大山，将盘塘窝等八十三寨生苗尽行招抚。每寨苗目一名，带领苗人共一百八名，前赴武昌投顺等因。臣询问苗目龙天保等，你们于前招抚之时，缘何不一并投诚，待复差人去方始投顺？据称：我等俱住在镇筸极边大山内，崇山卫及与贵州边界等处。前次抚苗人等，不能到我们住处。近有新顺苗人，越山来到各寨，宣布皇上天威大德，将红苗尽行招抚，与内地民人一视爱养。又说：知伊等到武昌投顺情由，我们苗人以为罕闻，遂各相商议，俱愿归诚圣主。将招抚人等邀入寨内，在伊等面前率领我们的男妇大小，共二千一百八十一名口，对天立誓，剃头尽行归顺等语。臣复询苗目：除你们外，尚有生苗否？据称：镇筸地方所有苗人，已尽行归顺。但深山偏僻之处，或有生苗，不能尽知，即有亦不过几处零星小寨。臣复行晓谕，圣主爱养一切民生，圣德天恩国法兵威。其众苗咸称：我等世长深山，从来未到内地。今我等到此，见居民稠密，各处兵马甚多，魂胆俱失。今圣主施如此之天恩，抚养众苗，若不遵守法令，是自犯死罪。我等回去，向各寨苗人遍行说知。如有不遵法的顽苗，我等会（集）〔缉〕拿送武昌治罪等语。除湖北抚臣刘殿衡、湖南抚臣潘宗洛、湖广提督臣额伦忒赏给伊等银布外，臣赏给投诚苗目龙天保等一百零八名、招苗苗人吴老柯紫八十名，共一百八十八名，每苗缎衣一套、细布十五匹、银牌一面、盘费银二十两。土百户吴董官等十七名，每人缎二匹、银十两，俱各欢欣踊跃，叩谢天恩而去。今镇筸所有生苗，尽数实心归顺圣主，前至武昌投诚缘由，臣谨会同偏沅抚臣潘宗洛、湖广提督臣额伦忒合词具题。伏乞皇上睿鉴，敕部查照施行。再照，此案在事文武、官兵职名册，另咨移送吏、兵二部外，合并陈明。为此具本，谨具题知。

奉旨：览奏。镇筸盘塘窝等八十三寨生苗俱各实心前赴武昌投顺等语。红苗等居深山之中，自古以来并未向化。鄂海等宣示朝廷德泽，布扬声威，尽行招抚，殊属可嘉！今红苗等已去邪，各输悃诚，削发投顺。地方文武官员务仰体朕无分内外，咸俾尽享升平，宇内无不乐业之意。将红苗等安插得所，从容化导，教之礼义。倘有不肖官员，将红苗视为度外，侵蚀扰害者，该督抚即行指名题参，从重治罪。该部知道。

康熙五十一年八月　日。

为镇筸各寨红苗感戴天恩俱已尽数归诚事

总督湖广等处地方军务兼理粮饷兵部右侍郎兼都察院右副都御史加九级纪录十七次鄂，为镇筸各寨红苗感戴天恩俱已尽数归诚事。

窃查镇筸边外红苗，除先经报抚三千余名外，本部院以僻处深山生苗，若不尽行招抚，恐又在边疆生事。遂复选土百户等，并红苗头目，复令入山，将所有红苗尽行招抚。去后，今于康熙五十一年五月二十四日起，据镇道厅先后送到招抚盘塘窝等，八十三寨红苗龙天保等，男妇共二千一百八十一名口。除另疏会题移揭贵部外，所有续后招抚盘塘窝等八十三寨，各在事文武官弁职名，并本部院牌委入巢招抚之土百户、寨长，及镇道厅分委兵役人等各姓名，查照原报文册，逐一开造清册咨送，以听议叙者也。为此合咨贵部，请烦查照施行。

计咨送册一本，咨兵、吏部等因。除咨兵吏部，相应咨会。为此合咨贵都院、提督，烦请、为查照施行。

计咨送册一本，咨南抚、提督。

康熙五十一年八月　日。

为镇筸各寨红苗感戴天恩等事

总督湖广等处地方军务兼理粮饷兵部右侍郎兼都察院右副都御史加九级纪录十七次鄂，为镇筸各寨红苗感戴天恩等事。

为照镇筸红苗续抚盘塘窝等八十三寨，已经本部院会疏题报，并将在事文武官弁职名，及本部院牌委入巢招抚之土百户、寨长并镇道厅分委兵役人等各姓名，查照原报文册，逐一开造清册，咨送贵部在案。今查所送册造兵丁未据该镇厅，将系某营、某项之兵分别注明，相应开明补咨。为此合咨贵部，请烦查照施行。计开：

一、册造招抚盘塘窝等寨镇兵任大才，今查系镇筸镇中营步战兵。

一、册造招抚上鬼疑溪等寨镇兵王元，今查系镇筸镇右营守兵。

一、册造招抚豆沙等寨镇兵刘之芳、李世俊，今查刘之芳系前营步战兵，李世俊系前营守兵。

一、册造招抚下龙蛟洞等寨镇兵李世俊，系前营守兵。

一、册造招抚竹山等寨镇兵李荣，今查系镇筸镇前营步战兵。

一、册造招抚香炉坡等寨镇兵李荣，系前营步战兵。

一、册造招抚岩柯等寨镇兵黄朝臣、王元，厅兵杨富，今查黄朝臣系镇筸镇左营步战兵，王元系右营守兵，杨富系乾同知管辖之守兵。

一、册造招抚雀儿窠等寨镇兵李启英，今查系镇筸镇左营马兵。

一、册造招抚排门等寨镇兵李启英，系左营马兵。

一、册造招抚桂庙等寨镇兵黄朝臣，系镇筸镇左营步战兵。

一、册造招抚夯补西及蜡物等寨镇兵黄朝臣，系左营步战兵。

一、册造招抚白果树等寨，并彼仡寨镇兵李世俊，今查系镇筸镇右营步战兵。

一、册造招抚旗都等寨镇兵王国兴，今查系镇筸镇左营步战兵。

咨兵部。

康熙五十一年八月　日。

为红苗俱已归诚请给土百户微品顶带以专约束事

总督湖广等处地方军务兼理粮饷兵部右侍郎兼都察院右副都御史加九级纪录十七次臣鄂海谨题，为红苗俱已归诚请给土百户微品顶带以专约束事。

该臣看得，镇筸熟苗等寨，向系乾凤二厅所设土百户三十名分管，每名分管二三十寨不等。今归顺新苗一百三十五寨，亦俱交与原招抚之土百户等分管约束。至于催苗纳粮、办理苗事、查拿苗犯，例应差所管土百户入巢。但伊等名为管苗百户，实与平民相同，因无官品荣身，致为苗人轻视，故难以约束。且因百户又无口粮工食以资糊口，俱系自出盘费当差，以致不能尽心。臣愚以为红苗俱已归诚，咸感圣仁德化，伏乞皇上隆恩，准与土百户各给九品顶带荣身，约束红苗。伊等既有官品，苗人畏惧，易于约束。再乾凤二厅，原设有步兵二百名。此内老病者酌量裁汰，将土百户每名给步粮一分，俾伊等得邀顶带之荣，复有口粮养赡，自必人人尽心，效力办事，约束苗人，于地方有裨益矣。臣谨会同偏抚臣潘宗洛合词具题。伏乞皇上睿鉴，敕部议覆施行。

奉旨：该部确议具奏。

康熙五十一年　月　日。

为给委事

总督湖广等处地方军务兼理粮饷兵部右侍郎兼都察院右副都御史加九级纪录十七次鄂，为给委事。

照得镇筸毛都塘红苗，于大兵征剿之前，内有逃入老坡深山处所藏匿，未经归顺。本部院奉旨前往镇筸查勘苗边情形。随差令兵丁王昌元往入深山，宣布皇仁，将逃去顽苗劝谕前来归诚可嘉。合行给委。为此牌给该弁，即便凛遵。自委之后，该弁在营益加勤慎操防，不致妄行多事。凡有汛内苗寨，传谕安分纳粮，本部院必为拣拔，毋负委用可也。右牌给外委把总王昌元收执等因。

除牌给外委把总王昌元外，合行照知。为此照会该镇，即便转行知照。毋违。

照会镇筸镇，给王昌元领（投）〔收〕。

康熙五十年十二月　日。

为饬查事

总督湖广等处地方军务兼理粮饷兵部右侍郎兼都察院右副都御史加九级纪录十七次鄂，为饬查事。

据押送仡老寨、亡老寨苗人赴辕之下哨百户田弘道等禀称：苗头说苗地有木甚多，可以砍伐出外货卖，恐有拦阻，禀称示行等语。据此为照。镇筸苗民皆寨居穴处，刀耕火种，既无出产，甚属穷苦，兼之性多悍顽，潜行攘窃，遂致汉地官民咸相异视，遏其出没。本部院上年临筸查勘，见苗地皆系丛山深谷，木植颇多。今各苗既已归诚，均系纳粮良苗。所有苗地木植，应否听其砍伐出外货卖，合行查议。为此照会该镇牌仰该道官吏、同知、通判，即便查明，苗地木植可否听其砍伐，出筸货卖？或止令其在于所定集场，任其交易之处，妥议明确呈覆，以凭会夺。毋违。

照行筸镇、辰沅道、乾凤二厅。

康熙五十一年二月　日。

为禀覆事

总督湖广等处地方军务兼理粮饷兵部右侍郎兼都察院右副都御史加九级纪录十七次鄂，为禀覆事。

案：据百户单开镇筸未纳粮苗人，系夯柳、老家寨、中麻冲、仡老寨、亡脑等五寨。前因各禀报文内，止开四寨，而中麻冲一寨竟未声说，当经行道饬查。去后，今据凤通判禀称：中麻冲一寨，因苗人龙柳墩、龙老纳犯罪已决，二户之丁不肯纳粮，其余仍照纳粮。俟经管百户田弘道旋筸，即将中麻冲户口丁粮查明，造册驰送等因。据此，合行檄饬。为此牌仰该道官吏，即便转饬乾凤二厅。速令百户将中麻冲已决苗人龙柳墩等二户目今有无壮丁应行纳粮，确查明白。如有，即开造户口清册。再，此寨二户之外，有无未纳粮苗户。如有，一并着令该管百户、寨长，带领壮丁前赴武昌，听候面加诫谕。并查此外有无从前未经就抚苗寨，通为饬查确实。或尚有未抚之寨，立饬土百户等前往招抚出巢，前来向化。具报，以凭一并汇题。均毋迟延。

行辰沅道等因。除行辰沅道外，合并照行。为此照会该镇，即便饬查中麻冲龙柳墩等二户，有无应行纳粮壮丁。再，此二户之外，有无未纳粮苗户，以及从前或尚有未经就抚苗寨。如有，即饬令土百户作速查明招抚具报。毋违。

照会镇筸镇。

康熙五十一年七月　日。

为再行严饬事

总督湖广等处地方军务兼理粮饷兵部右侍郎兼都察院右副都御史加九级纪录十七次鄂，为再行严饬事。

案查苗边定例，内开苗疆边地，以塘汛为界。如有民人擅入苗地者，杖一百、徒三年。该管各官失于觉察者，俱降一级调用。该管上司，罚俸一年等语。今镇筸红苗及六里等苗寨，俱设有土百户、寨长，约束催粮。若有应行查拘苗人之事，止应着令该管土百户、寨长入巢，着落苗头查拘解交为是。今新旧苗寨俱已归顺，恐有无知奸徒地棍，以及各衙门差役人等，轻易擅入苗巢，滋扰苗人，亦未可定，合再严行。为此照会该镇，仰司道官吏、该同知、通判，即便转移行各汛防将弁，镇道府厅州县巡检、吏目等官，一体遵照。嗣后，如有应行差遣招抚苗寨及催苗人纳粮，并有查拘苗人之事，该管之镇道厅并该管各营，照例责令该管土百户、寨长入寨，或差役协同土百户入巢，着落该寨苗头苗目查理。如或有顽苗抗拒不法之事，即令邻寨苗头苗目协拿，交百户、寨长转解道厅查报。其余如泸溪县等衙门差役及土棍奸民人等，一概不许轻易擅入苗巢生事。如有不遵，致有入巢被陷发觉，定行追出陷口，仍照例治罪，并将差委之员一并题参，断不轻恕。仍取各遵依按季报查。毋违。

行南布政、按察司，辰沅靖道，乾凤二厅。

照会筸镇。

康熙五十一年七月　日。

为檄发事

总督湖广等处地方军务兼理粮饷兵部右侍郎兼都察院右副都御史加九级纪录十七次鄂，为檄发事。

照得镇筸红苗，自本部院查勘边地之后，陆续据镇道厅差委弁兵人等，招抚、押送投诚各苗赴省叩见，俱经给赏衣帽等物及盘费银两，令回筸归寨外，但镇筸距省遥远，已抚之苗赴省投诚叩见者，长途需用盘费，合行捐发。为此票仰该通判即将赴筸千总麻重庆，顺带银二百两，该厅收明，为已抚各苗赴省投诚盘费之用，仍将收明及支用数目报查。毋违。

交凤通判计发银二百两，交给赴筸千总麻重庆带投。

康熙五十一年　月　日。

为再行严加饬禁以静苗疆事

总督湖广等处地方军务兼理粮饷兵部右侍郎兼都察院右副都御史加九级纪录十七次鄂，为再行严加饬禁以静苗疆事。

照得镇筸苗边地方，内系民居，外连苗寨。惟在分防弁员巡查，尽力辑兵卫民，则民苗安堵，地方宁谧。若遇多事不肖弁员，以苗人为可啖之物，或赊马骗害，或勾通奸民，使用垫槽假银购买苗人货物，或图其子女为婢妾者，间亦有之。以致苗人忿恨无伸，致有拿人抵事，甚致汛防百户勾通拿人，故意请牙郎于中讲赎，内外吃钱。此皆从前滋扰之积弊。本部院莅任以来，访闻最真，久经严饬查禁在案。今本部院自从查勘苗边之后，各寨红苗俱已尽数至武昌投诚，是目今红苗皆系归诚纳粮良苗，非昔日可比。在苗人虽有攸分，今既归诚，均属朝廷赤子。而边地文员，应宜各加抚恤，留意察查。遇有民苗争斗细事，即为秉公剖断明白，不得以民苗异视，偏袒不公。汛防将弁更宜加谨巡防，实心稽察，并严查奸徒出入苗地。再，如内地奸民，或以红苗既经出巢到省投顺，即视为愚懦可欺，私行出入苗巢，欺骗滋事，复生衅端，均未可定，合再严饬。为此照会该镇，牌仰该司道官吏、同知、通判，即便严饬边地文员，各加抚恤。凡催纳杂粮，查拘事案，俱止着土百户入巢催理，不得擅行差役入巢生事。至于汛防弁员，各宜奉公守法，实力巡查，不得轻听奸徒诳言，纵兵滋扰。仍各加出示严禁。如有奸徒违例出入苗地，结亲往来，使用假银赊骗货物，诱买子女，奸棍称为牙郎，从中说合分银，以致民苗结怨成仇，致起衅端者。该镇司道厅应不时查访。如有不肖官员并土百户，不加抚恤苗人，反为生事滋扰，以及武弁不能实力巡防，稽查出入，即行揭报详报，以凭参拿，从重究治。倘有奸恶棍徒，不遵禁令，仍前生事启衅者，即行严拿揭报详报，以凭分别究处，轻则枷示苗边，重则流徒迁徙。务使苗境肃清，边民安堵，以仰体皇上爱养民苗之至意。仍于每季终，出具遵依报考。毋违。

照行筸镇、南布按司、辰沅道、乾凤二厅。

康熙五十一年七月　日。

为行知事

总督湖广等处地方军务兼理粮饷兵部右侍郎兼都察院右副都御史加九级纪录十七次鄂，为行知事。

据该通判呈送，招抚豆沙等二十四寨苗人吴老寅等，赴辕叩见。除当堂给赏，另檄造册外，查文内有岩洞寨、重寨、中麻冲三处，与原经达部底册亦有其名。又，岩板寨原册有岩板桥，香炉坡原册有香炉山，竹山坡原册有竹山坪，田冲原册有旱田冲、老田冲二名。又，排路良查与原册相同。但从前凶苗拒捕案，有称排楼梁者。又前据该厅造报，毛都塘户口册内造有一户，系排楼梁移住龙颈坳，后搬住毛都塘。又，麻阳寨亦于造报毛都塘册内，造有一户，系麻阳寨搬住毛都塘等语。是原册与节次招抚寨名，多有相仿相同。今本部院亲讯，据岩板寨苗人吴老化供，伊在蛟龙洞那岩板桥，是凤凰营上去，隔有二十里路。又，岩板井是箭塘营管的。又，岩板溪是前营管的，在万人洞对过。又据重寨苗人吴老铁供，别处还有一个重寨。这个重寨在龙蛟洞后，相隔有五里路。又据中麻冲苗人麻老石等供，伊系原经未抚先搬往梅都塘，是贵州管的。后搬回，住了三四年，叫中麻冲。隔原抚的上下麻冲有三里多路，在鸟头山。中麻冲有两个，田弘道送的是右营下哨的中麻冲。又据香炉坡苗人龙老六供，香炉坡隔香炉山有二十余里，中隔盛华哨一道河，都是前营管的。又据田冲苗龙老毛供，伊隔旱田冲有二十多里，都是前营管的。旱田冲，在都利十八坪的山南。又据排路良苗龙老晚供，排路良即排楼梁，止有一个，先日招抚的，没有纳粮，如今新来归顺。又据麻阳寨苗吴三管供，伊不在毛都塘，没有归入毛都塘，隔十来多里路等语。据此，查各寨名内有相仿相同者，既系另有之寨。其将来送部之册，应登注明白，以免指为重报。合就行知。为此该仰通判道官吏，即便饬令二厅，即便会同乾同知，将节次新抚苗寨与原案册内寨名，再加查明较对。某某系原抚后抗粮续抚，某某系新抚，其寨名相仿相同者，登注明白，庶免牵混舛错。作速造册呈送，仍送司转造详赍，以凭咨部。毋得迟违。

行辰沅道、凤通判等因。除行凤通判外，合并行知。为此仰该同知即便知照会查造报。毋违。

行乾同知。

康熙五十一年七月　日。

为给牌招抚红苗事

总督湖广等处地方军务兼理粮饷兵部右侍郎兼都察院右副都御史加九级纪录十七次鄂，为给牌招抚红苗事。

照得镇筸红苗内，有抗粮顽梗及原未就抚者，俱经委令该百户等，招抚送省叩见投诚。除已节次赏给，又现在造册具题外，今本部院访查，有六里镇苗，因原委之土弁宋纯汉病故，现行议委分管，而各苗无人约束查抚，遂各疑畏不前。查现有排已、排补美、阿乍勺、雷公寨、大树、排补、马补坨、张倒寨、苟弱、安仡、小龙洞、岩罗、排彼等寨之苗，性多愚顽，罔知法纪，合行给牌招抚。为此牌委该百户田仁顺、田弘道。尔等回筸，约同梁正高、陈一美、张弘暹、侯国选，并暂委所弁宋世聪，各选带邻寨内能干苗头，前往各寨。宣布皇上天威、好生大德，令各悔罪改过，吃血立誓，倾心向化，共作良苗。其从前所行不法之事，一概从宽免究。带同（皆）〔该〕寨苗头，送赴省城投顺叩见之时，分别奖赏。本部院推诚惠爱，尔等各宜实心效力，明白传谕。各苗毋得自怀疑畏，有负本部院招徕之意也。牌给委百户田仁顺等收执等因。除牌给土百户田仁顺等往抚外，合就行知。为此照行该镇道官吏、同知即便知照。俟田仁顺等回筸，谕令约同陈一美等速往招抚出巢，具文。仍着往抚百户人等，送管各苗赴辕叩见。如始终顽梗不悛，即遵前檄，着令百户拣选能干良苗，协拿解究。毋违。

照行筸镇、辰沅道、乾同知。

康熙五十一年七月　日。

为再严巡防以静苗疆事

总督湖广等处地方军务兼理粮饷兵部右侍郎兼都察院右副都御史加九级纪录十七次鄂，为再严巡防以静苗疆事。

照得该镇，设居苗边地方，内系居民，外皆红苗。四营将备弁目，各有分防。惟在将弁汛防严谨，及游巡守备巡查无懈，并禁绝兵民擅入苗巢，勾引启衅。辑兵卫民，则边民自得安堵，红苗亦不敢生事。今镇箪所有众寨红苗，俱已尽数来省归顺，而汛防不可因红苗已经投诚，故为怠忽，合再严饬。为此照会该镇即便约束各营将备弁目，实力防范游巡。凡遇出入隘口，严加稽查，不许奸匪兵民潜出，勾苗生事为非。如有无故擅入苗巢者，立即拿交道厅究治。其将备弁兵之内，若有生事疏懈玩忽者，不时查访，将备揭参，弁兵斥究。慎毋瞻徇贻误，有干未便，仍具遵依查报。

照会箪镇。

康熙五十一年八月　日。

为给牌约束红苗以专责任事

总督湖广等处地方军务兼理粮饷兵部右侍郎兼都察院右副都御史加九级纪录十七次鄂，为给牌约束红苗以专责任事。

照得镇筸红苗，生性蠢顽，向设有土百户。催苗纳粮，奉行差查苗案各项，(该)〔皆〕系土百户责任。若所委土百户内，有能实心办事，勤慎料理，不时宣布皇仁天威圣德，使苗人畏威怀德，感化从善，不生是非，方使民苗安堵，边境肃清。查下哨土百户侯上国病故名缺，今据布政司，详据道厅议侯国选，仍顶伊父土百户名缺，侯观音为副百户，相帮料理等因前来。本部院查：该土百户奉差招抚从前未顺红苗，赴省投顺，果属实心办事。可嘉。除咨明兵部外，合行给牌委任。为此牌给该土百户即便遵照任理土百户事务。将原管苗寨及今新抚承管苗寨，务须宣谕皇上天威、好生大德。令各寨苗人安分纳粮，保守身命，共享太平之福。不许生事为非，梗法抗粮。如敢不遵，潜出偷窃，伏草捉人，事犯，致干剿杀，自取死亡。该百户务必勤慎尽职，约束稽查。每年催征杂粮，按册催收，毋得额外多索。倘有勾通苗人为非，或约束无能，滋衅构怨，一有访闻告发，定即斥革重究。如所管各苗，悉皆遵法，安静无事，于年终报明同知，汇报本部院，分别勤惰劝惩。尔宜凛之，无负委任之至意也。

给土百户侯国选收执。副土百户侯观音等因。除牌委土百户侯国选、侯观音外，所有委牌合行檄发。为此牌仰该同知即将发下委牌，给侯国选、侯观音收领任事具报。毋违。

计发委牌二张，行乾同知。

康熙五十一年八月　日。

为报明事

总督湖广等处地方军务兼理粮饷兵部右侍郎兼都察院右副都御史加九级纪录十七次臣鄂海谨题，为报明事。

该臣看得，镇筸镇凶苗稞龙，系杀死民人林光鹏等三命案内有名，奉部文应行缉拿之苗犯也。前任督臣郭世隆等疏称：嗣后凶苗冥顽不法，依恃伙众，潜匿不服者，该地方官访讯确实，移营酌拨官兵协拿，务获正法等因。奉旨依议，钦遵在案。今据镇筸镇总兵官张谷贞呈：据右营游击朱一隆呈称，杀死林光鹏案内凶苗稞龙，逃入凉水井。又集各案凶苗，倚山负险，巢居栽种。卑职随于三月二十二日禀明。本镇蒙谕，带同左营守备李白虎，左、右、前三营千把总赵四、胡艾等，酌带兵丁，当晚爬山越沟，于二十四日黎明，到寨查拿稞龙。讵凶苗恃众拒捕，我兵亦即对敌，打死凶苗及滚岩身死三十七人，我兵亦被伤身死马恺、向士元等一十二名，带伤兵丁邓奇等七名，是日撤兵出巢。适值大雾迷天，山危径窄，莫辨东西。我兵遂有失足堕岩及迷失路径者。今现在陆续回营等情。又据该镇呈称：查得拒捕枪死苗人稞龙等共三十七名，内系各案有名应缉真凶，余系伙从拒捕之犯。至伤故兵丁马恺等一十二名，已经照例开除。带伤兵丁邓奇等七名，俱已医治痊愈。迷失兵丁，除史祖学等十四名已经陆续回营外，尚有谭汝生等二十七名。据百户、寨长查明，该丁等尚在附近凉水井各苗寨内，羁留不放。随于四月初十日，遣发游击朱一隆赴池河营，令其放出所留兵丁。本职亦于十五日，亲抵池河营驻扎，勒献擒凶，并谕令辰、沅二协，永、保二土司，预拨兵丁，听候调遣剿捕等情呈报到臣。臣随严饬该镇，务须宣扬圣主天威，相机设法查拿凶苗，不得轻易深入苗巢滋事，并前带兵丁若干名及勒追陷兵归伍，未据回覆。又行南按察司王朝恩，将杀死苗犯及兵丁被杀实情查明，到日一并确议，另行具题外，所有凶苗拒捕被杀并伤故兵丁情由，臣谨会同偏沅抚臣潘宗洛、湖广提督臣额伦忒，合词先行题明。伏乞皇上睿鉴，敕部查照施行。

奉旨：该部知道。

康熙五十年五月　日。

为报明事

总督湖广等处地方军务兼理粮饷兵部右侍郎兼都察院右副都御史加九级纪录十七次臣鄂海谨题，为报明事。

该臣看得，镇筸镇总兵官张谷贞，前奉部文承缉钦案凶苗稞龙等一案。因该犯逃匿凉水井地方，游击朱一隆带兵协拿。有本地苗人恃众拒捕，以致杀死苗人三十七名，伤官兵十二人。及撤兵出巢，是日因雾大迷失路径，致兵丁谭汝生等二十七名为附近凉水井各寨苗人拿去，羁留未放。是以该镇总兵官张谷贞带领将备兵丁，于四月十五日亲抵池河营驻扎，勒献擒凶，并谕令辰、沅二协拨兵听候调遣等情。前经具报到臣，经臣一面先将凶苗拒捕伤兵，及该镇带兵亲抵池河营情由，先经会疏题明，并饬该镇设法查拿凶苗，勒追陷兵。复行湖南按察司，将杀死苗犯及兵丁被杀实情查明，各原案审详在案。

今据该镇呈报，前迷失路径兵丁二十七名之内已经追出谭汝生等十六名，又查明在巢染患瘴疫病故兵丁鄢文等七名，先后共已追出二十三名，止有吴进福等四名未出。因苗人远匿深箐，未经追出。现在饬令百户、寨长，限日另行勒追外，今拿获掯留迷径兵丁之苗犯龙老董、龙老长、吴老岩、龙老蟒、龙老柳、龙老乳、吴龙章、龙老贵八名，移交辰沅靖道收审，并称炎暑之时，苗穴树密草深，瘴雾时作。今于六月初八日，令游击朱一隆率同备弁撤兵回营，所有调到辰、沅二协兵丁各五十名亦令各回原营等情呈报前来。除饬行湖南按察司辰沅靖道，将现获苗犯八名作速审明，拒捕掯留兵丁情由，并将杀死苗犯及兵丁被杀实情，一并查审明确详覆。至日另行具题外，所有该镇张谷贞已经撤回官兵回营，及追出陷兵、拿获苗犯情由，臣谨会同偏沅抚臣潘宗洛、湖广提督臣额伦忒，合词题报。伏乞皇上睿鉴，敕部查照施行。

奉旨：该部知道。

康熙五十一年　月　日。

为报明事

总督湖广等处地方军务兼理粮饷兵部右侍郎兼都察院右副都御史加九级纪录十七次鄂，为报明事。

康熙五十年七月初七日，准兵部咨开职方清吏司案呈：据湖广总督鄂疏称，镇筸凶苗稞龙系杀死民人林光鹏等三人案内应缉之犯。今镇筸游击朱一隆带同守备李白虎等，酌带兵丁，到寨查拿稞龙。讵凶苗恃众拒捕，我兵亦即对敌，打死凶苗三十七人。我兵亦被杀伤马恺等十二名，带伤兵丁七名，是日撤兵出巢，适值大雾迷天，我兵遂有失足坠岩、迷失路径，除史祖学等十四名已经回营，但有谭汝生等二十七名，在附近凉水井各苗寨内，羁留不放。随发游击朱一隆赴池河营，令其放出所留兵丁。该镇亦于十五日，亲抵池河营驻扎，勒献擒凶。臣随严饬该镇，务须宣扬圣主天威，相机设法查拿凶苗，不得轻易深入苗巢滋事。又行按察使王朝恩将杀死苗犯及兵丁被杀实情查明，到日另行具题。所有凶苗拒捕被杀并伤故兵丁情由，合先题明等因，具题前来。

查该督虽称查明实情，另行具题等语，但凶苗拒捕，杀伤兵丁甚众，大干法纪，应行该督作速逐一严查题参，到日再议可也等因。呈堂奉批：照议。送司，案呈到部，合咨前去，查照施行等因到本部院。准此，合就檄行。为此牌仰该司官吏即将此案应参职名，逐一严查开列，同前檄各情由，一并叙具安详，以凭核夺会参。毋得迟违，速速！

行南臬司等因。除行南臬司外，合并照行。为此照会该镇，即将带兵赴苗巢查究凶苗稞龙，被苗拒捕，伤死官兵十二名，羁留二十七名，遵照部文，将应参职名逐一开送南臬司详参，一面驰报查考。毋得迟违，速速！

照会镇筸镇。准此，除行南臬司查参并照会筸镇外，相应咨会。为此合咨贵都院、提督，烦请、为查照施行。

咨南抚、提督。

康熙五十年七月　日。

为报明事

总督湖广等处地方军务兼理粮饷兵部右侍郎兼都察院右副都御史加九级纪录十七次鄂，为报明事。

康熙五十年十月初一日，准兵部咨开职方清吏司案呈，奉本部送兵科抄出。据湖广总督鄂疏称：镇筸镇总兵官张谷贞前奉部文缉拿凶苗稞龙一案，凶苗恃众拒捕，杀死苗人三十七人，杀伤兵丁十二人。是日因雾迷失兵丁二十七名，为苗人拿去未放。是以总兵官张谷贞带领将备兵丁，于四月十五日亲抵池河营驻扎，查拿凶苗之处，先经题明。今据该总兵张谷贞呈报：迷失兵丁已经追出二十三名，止有四名未出。今拿获苗犯龙老董等八名，移交辰沅靖道收审，并称炎暑之时，苗穴树密草深，瘴雾时作，于六日初八日撤兵回营等情。除将现获苗犯及兵丁被杀掯留实情，一并审明，另行具题外，所有该总兵张谷贞撤兵回营及追出陷兵、拿获苗犯情由，会同具题前来。

查先经该督疏称：将凶苗稞龙逃入凉水井地方隐匿，恃众拒捕，杀伤兵丁之处，俟臣查明，另行具题等语。本部议：凶苗拒捕，杀伤兵丁甚众，大干法纪，应行该督逐一严查题参，到日再议等因。行文去后，今该督并不将不行报明，擅动官兵，凶苗未经全获，兵丁反被杀伤情由，据实查参。不合。相应仍行该督，将擅动官兵以致兵丁被杀并凶苗掯留兵丁实情，作速严加查明题参，到日再议可也等因。呈堂奉批：照议。合咨前去查照施行等因。准此，查此案前准兵部咨，已经檄司在案。今准前因，合并檄行。为此牌仰该司官吏，查照先今部文事理，即将此案，不行报明，擅动官兵，以致兵丁被杀，并凶苗掯留兵丁实情，作速严查明确，取具职名，详请核参。勿得迟延，速速！

行南臬司。

准此，除行南按察司查参外，合并照行。为此照会该镇，查照先今事理，即将此案，擅动官兵，以致兵丁被杀，各职名立速查开，移送臬司，详请核参。勿违。

照会镇筸镇。

准此，除照行按察司，并镇筸镇外，相应咨会。为此合咨贵都院、提督，烦请、为查照施行。

咨南抚、提督。

康熙五十年十月　日。

为报明事

总督湖广等处地方军务兼理粮饷兵部右侍郎兼都察院右副都御史加九级纪录十七次臣鄂海谨题，为报明事。

该臣看得，前任镇筸总兵官张谷贞先奉部文，缉拿钦案凶苗稞龙等。因苗犯逃匿凉水井地方，令右营游击朱一隆，带同左营守备李白虎及千把总兵丁，于康熙五十年三月二十四日黎明，抵凉水井寨，缉拿稞龙。讵凶苗恃众拒捕，当杀死苗人三十七名，滚岩伤死苗人一十四名，伤兵十二名身故，带伤兵七名，撤兵出巢。是日，因雾大，致有迷失路径兵二十七名，被附近凉水井苗寨羁留未放。及总兵官张谷贞带领将备兵丁亲抵池河营驻扎，勒献擒凶。随后陆续追出迷失兵丁谭汝生等二十名，病故鄢文等七名，并继获苗人龙老董等八名，撤兵回营各情由，经臣会疏具题，并咨明兵部在案。

准兵部咨覆：凶苗拒捕，杀伤兵丁甚众，应行严查题参。又准咨称：令将擅动官兵职名查明题参，到日再议等因。俱经先后檄行湖南按察司，严加查审详参。去后，今据按察使王朝恩详称：移准镇筸镇咨称，凶苗稞龙系杀死林光鹏案内限年缉解之犯。既经查实，逃匿凉水井地方，聚集各案凶苗，恃险巢居，该将等遵照定例，遣兵擒凶，乃武弁职分当为，实非无故擅动官兵可比。至于羁留在寨兵丁实因雾大迷失路径在巢，并非凶苗截陷，俱已回营；被伤兵丁实因凶苗伙众拒捕伤故。其凉水井乃苗人内穴，实非汛防游巡所到之处，原非官兵坐视不援。又，经拿获苗人龙老董等八名解审。查与康熙四十九年排楼梁凶苗拒捕伤兵一案，奉有部文将该管官员免议之例相同，请照例免开职名。又准辰沅靖道移称：除龙老董病故外，审据龙老长等供，与伊叔老耳，原留兵蒋明、田大二名。龙老乳留兵张先一名。吴老岩、龙老蟒、龙老柳并未留兵。又，吴龙章、龙老贵亦未留兵。止伊寨吴老宰、吴老二、吴老官、吴栾七，留兵严玉先等四名。严讯所获苗人龙老长等，咸供并无伙同拒捕，截陷官兵、措留不放情事。苗人龙老长等，审系无干，应行省释。未获之吴老宰等，既据蒋明等供，无拒捕截陷措留不法情事，应免拘究各等因移司，该司转详前来，臣覆查无异。则该镇将备，乃系遵照定例遣兵擒凶，实非无故擅动官兵，似应仰邀皇仁，俯念苗边将备事属急公，援照排楼梁缉凶拒捕伤兵成例，免其查参。再，毛都塘苗人吴天星等，捉拿箭塘民杨正凤一案。先经镇筸镇呈明，另俟设擒。今查毛都塘各苗俱经吃血立誓、情愿归诚，已将杨正凤献出宁家。查杨正凤系只身在边境种地被捉，似与盗劫焚杀勒赎者不同，且正凤旋即放出，汛防各官亦应邀援免参。凶苗既已悔罪归诚，应请从宽，免其究拟。现在檄行司道，查造户口纳粮数目清册，另行送部查核。所有被苗伤故步兵马恺等十二名，臣等酌量每名各捐给银三十两，以示优恤鼓励外，合并声明。臣谨会同偏沅抚臣潘宗洛、湖广提督臣额伦忒合词具题。伏乞皇上睿鉴，敕部议覆施行。

再照，此案系照苗疆扣限除去封印日期，逾限未及一月。合再陈明。

奉旨：该部知道。

康熙五十一年四月　日。

为报明事

总督湖广等处地方军务兼理粮饷兵部右侍郎兼都察院右副都御史加九级纪录十七次鄂，为报明事。

康熙五十一年五月十七日，准兵部咨开职方清吏司案呈：奉本部送兵科抄出该本部会同户部题前事，内开该臣等会议得湖广总督鄂疏称，原任镇筸总兵官张谷贞缉拿凶苗稞龙等因，凶苗恃众拒捕伤兵，继获苗人龙老董等八名各情由，经臣具题，准部咨覆。将擅动官兵以致兵丁被杀，并凶苗掯留兵丁实情，作速查明题参等因。臣查凶苗稞龙逃匿凉水井地方，系遵照定例遣兵擒凶，事属急公，实非无故擅动官兵。至于羁留在寨兵丁，实因雾大迷失，并非凶苗截陷，俱已回营。其凶苗既已悔罪归诚，应请从宽，免其究拟。户口纳粮数目造具清册，另行送部。所有伤故步兵马恺等十二名，臣等酌量每名捐给银三十两等因具题前来。

查康熙五十年十月内，据原任镇筸总兵官张谷贞奏称：凉水井凶苗拒捕伤兵，官兵查追迷路兵丁，后追出各兵，拿获凶苗，俱经督臣会疏题明。因时当盛暑，非进兵之时，毛都塘一寨现在饬令百户寨长，招其尽归原地耕种安居，宽其时日，冀其回心。若使半顺半逃，行踪鬼蜮，臣决不肯任其狡诈，逞其反覆无常之故智等因具奏。

奉旨：知道了。该部知道。钦遵在案。

今该督既称：遣兵擒凶，事属急公。凶苗既已悔罪归诚，请免究拟。其苗人户口、纳粮数目，造具清册，另行送部。所有伤故步兵马恺等十二名，臣等酌量每名捐给银三十两等语，均应如该督所题，仍将归诚苗人户口、纳粮数目作速造具清册，报明户部查核，并令该督严饬归诚各苗，务须永遵法纪可也。

康熙五十一年四月十一日题。

本月十四日，奉旨：依议。钦此。抄部送司，案呈到部，合咨前去，钦遵施行等因到本部院。准此，除恤兵银三百六十两，今本部院捐出银二百两，差弁领赍由长沙、常德，并带咨请南抚都院捐银一百两，提督捐银六十两，交发镇筸镇、辰沅道厅，亲给故兵马恺等十二名的属外，所有归诚各寨苗人户口、纳粮数目清册，节次行司查造在案。合就檄行。为此仰司官吏即便移行，一体钦遵。仍速将先后招抚归诚毛都塘等各寨，苗人姓名、户口、纳粮数目，造具清册，一样三本，作速详赍，以凭分送各部，并移行镇道厅，示谕归诚各苗，其从前不法之处，既已悔罪归诚，免其究拟。务各仰体皇仁，永遵法纪，共乐升平。毋得犯法抗粮，自取重咎。可也。

行南布政司等因。除行南布政司外，合并照、檄行。为此照会该镇牌仰该道厅即便钦遵，示谕归诚各苗：从前不法之处，既已悔罪归诚，免其究拟。务各仰体皇上天恩，安分乐业，永为良苗。勿得仍前多事，自取重罪。其归诚各苗姓名、户口、纳粮数目，遵照前后檄行，逐细查造清册，送藩司汇核，造赍咨部。至恤兵银三百六十两，今即交该镇把总魏权顺便赍带回镇。俟该弁领赍到筸，照数亲行查给故兵马恺等妻子的属收领取领赍报，毋得侵冒干咎。

照行镇筸镇、辰沅道、乾凤二厅。准此，除照行镇筸镇、南藩司、辰沅道、乾凤二厅外，合并行知。为此仰司官吏即便钦遵移行知照。勿违。

行南臬司等因。除行南布政司并镇筸镇、辰沅道、乾凤二厅，及知照南按察司外，相应咨会。为此合咨贵都院、贵提督，烦请、为查照。希将捐给筸镇故兵银一百六十两，给发来差镇筸镇把总魏权，顺便带回，送交筸镇，照数亲行查给故兵马恺等妻子的属收领，仍乞见覆施行。

咨南抚、提督，给差弁带回，票仰镇筸镇把总魏权，即将本部院发出捐银一封二百两并公文二角。该弁即由长沙先将移南抚公文赍投守候，给发捐银一百两，再由常德将移提督公文赍投守候，给发捐银六十两，一并带回，交送镇箪镇收明。同道厅亲给故兵马恺等的属取领回销。沿途拨给捐马匹，往回应付，此票仰缴送箪镇送销。毋违。

差把总。

康熙五十一年五月　日稿。

为呈明顽苗就抚送验事

总督湖广等处地方军务兼理粮饷兵部右侍郎兼都察院右副都御史加九级纪录十七次鄂，为呈明顽苗就抚送验事。

本年十二月十二日，据镇筸镇呈称：据前营游击朱恩贵呈称，窃查毛都塘一寨，倚恃险箐，历来难治。虽经前宪招抚，而凶悍仍然如故。幸赖本镇洞悉边情，调度有方，不时亲率马步官兵，巡防边哨，弹压蛮区。苗人稍知畏威敛迹，不敢出入。昨奉督抚、提按临镇筸，会看边墙，亲抵毛都塘赏劝化导。彼时苗人虽欲招安，疑畏未定。复蒙本镇着令千总杨伟、把总黄之礼、兵丁王昌元、寨长龙三乔，齐至毛都塘，宣扬各宪德威。今据该弁及王昌元、龙三乔等，节次各禀到职。兵丁王昌元禀称：十月初十日，奉本镇差赴箭塘，会同寨长龙三乔，赴毛都塘招抚，该苗躲入深箐，小的于十五日回营。复于十六日，仍令小的同寨长复入化诲。有毛都塘苗人因称：我们犯边多次，不敢招抚等语。又据千总杨伟禀称：十月十九日，奉本镇谕令，同王昌元、龙三乔仍往毛都塘招抚，于二十一日回营回禀。苗人回称：我们屡犯朝廷，不敢招安等语。遂于二十二日，蒙本镇亲至箭塘，将各寨苗头唤齐吩咐：毛都塘苗人自知犯边多次，不敢招安。前差兵丁二次、千总一次，他不就抚。今本镇吩咐：你各寨苗头再同千总杨伟、兵丁王昌元，前赴毛都塘，对老铁说：今各位大人暨本镇，将他从前犯边的罪概行宽免，叫他招安。如再不听抚，就要发兵剿洗等谕。续据千总杨伟、把总黄之礼、兵丁王昌元及百户寨长苗头人等，赴营回禀：毛都塘苗人回称，既是各位大老爷，释我们前番犯边的罪，我们情愿招安。随于二十九日，齐赴毛都塘，吃血盟誓。于十一月初一日，随带苗头吴老化、吴老铁之子吴老季，到本镇辕门。当蒙赏给花红银牌。随吩咐老化回去，叫老铁一同来城。你们前赴各位大老爷辕门谢恩，于十一月初二日回毛都塘，叫老铁出来。有老化等于初八日复赴本镇辕门，回称：老铁畏怕前罪，不肯前去，叫儿子吴老季去。当蒙本镇吩咐：老铁既是招安，他不肯去，何为招安？必要发兵剿杀。复令寨长龙三乔并苗头吴老化于初九日回毛都塘。十六日，引带老铁之子吴老季、侄儿吴老六、兄弟吴老吼赴本镇。回禀：老铁实实害怕，不敢来城，从此再不敢为非多事。特着儿子并侄儿兄弟，求赏文书，情愿随差官同去各处谢恩等情各回禀前来。卑职查毛都塘苗头吴老化、吴老铁等及本寨众苗，于本年十月二十九日吃血招安。今据千把总杨伟、黄之礼禀称：苗头吴老铁已经吃血，奈因畏罪，不敢前来叩见。有伊子吴老季、侄儿吴老六、兄弟吴老吼，同苗头吴老化，愿赴上台谢恩。所有招安各苗，理合解辕等情。据此，窃照镇筸红苗，顽梗难驯。虽非毛都塘一处，然毛都塘之苗吴天星、吴老铁等，乃怙恶不悛之穷凶也。本职屡差官弁、苗目，不次开诲，始终梗化。于本年二月内，复敢捉拿箭塘民人杨正凤。本职恐长奸顽，拟欲率兵搜剿，特先具折奏闻。时因春雨连绵，正俟天晴入寨。讵知本年三月二十二日，据右营游击朱一隆请兵赴凉水井，捕拿凶苗稞龙等。不意是日雾大弥漫，以致伤兵迷路。当将凶苗伙众拒捕情由通咨，并声明毛都塘凶苗另俟设擒。本职随于四月初二日，率兵抵威远、池河等营驻扎，勒献擒凶，并令前营游击朱恩贵，率兵驻扎相近毛都塘隘口，声援犄角。拟俟凉水井一案事竣，即移兵搜剿。毛都塘凶犯及顽苗闻风远匿糯糖山箐，乞寨长百户转禀，情愿归诚，再不敢为非作恶。随于本年四月二十二日，将民人杨正凤退献发宁。本职于六月初八日，撤师回营。伊时毛都塘苗人吴天星等已经回巢居住，尚有吴老铁等十余人未归本寨。本职以时当盛暑，暂且回兵，以俟秋凉相机区画。复于本年八月内，又经具折奏闻。适于九月二十四日，恭逢本部院暨抚都院、提督临边，因同抵毛都塘。当令兵丁王昌元，宣传德意。如若就抚，即是良民。倘执迷抗玩，官兵抵寨搜捕，玉石俱焚。而凶苗既已惧罪，又复畏威。苗头吴老化先令伊弟吴老喊出巢匍叩。当蒙宪恩，谕令出穴投诚，宽其前罪。本职仰体德意，于十月初十日，先令兵丁王昌元、寨长龙三乔入巢招抚。复于十九日再令千总杨伟谕令投诚出见。乃该苗吴老铁等终以犯法实深，不敢出见。十月二十二日，本职亲赴箭塘，传集各寨苗头，反覆开导，果能悔恶前来，自当宥其积罪。今于十月二十九日，据弁目人等禀称：诸苗俱经吃血，誓遵王化，不敢为非。十一月初一日，千把总杨伟、黄之礼，兵丁王昌元，寨长龙三乔，带领苗头吴老化及吴老铁之子吴老季、侄儿吴老六、弟吴老吼，赴本职衙门，情愿赴宪辕谢恩。至吴老铁一人，本职遣差弁目人等，开谕宽释。不啻至再至三，其始终未敢出巢。揆其情状，似非抗拒负嵎，实系罪滋胆怯。但毛都塘吴老铁等，原属穷凶极恶之徒，负固已非一日。今合寨听抚招安，吴老铁且经吃血，着令子侄兄弟，情愿匍匐部院宪辕暨抚都院、提督辕门，泥首谢恩，此诚各宪德威洋溢之所致也。今据该将具文呈：送吴老化等前来，理合差委千总杨伟、兵丁王昌元、寨长龙三乔带领苗人吴老化、吴老季、吴老六、吴老吼，俱赴宪辕，听候验示等因到本部院。据此，除将各苗当堂吩咐，各回本寨，安分乐业，毋再多事，并各赏给银牌、布匹衣帽，并盘费银两，仍令杨伟等，带领回筸外，又据千总杨伟开报，招抚苗人二十七户，大小男妇共九十九名口，系当年征剿红苗时，各户预先逃入老山坡藏匿居住，不在毛都塘从前投诚数内等情。本部院查：本年五月内题报凉水井凶苗拒捕案内，据筸镇文内叙有毛都塘逆苗吴天星、吴六保、吴老铁，怙恶不悛，于四十八年五月内，附伙排楼梁凶苗拒捕，复捉民杨正凤等语。经本部院据以会题在案，今各苗既经招抚，止应于原案内声明。再查吴老化等既经招抚，对天立誓，吃血归诚，应将情形并查明户口，造具粮册，另行详请题报。合行粘单饬查。为此仰司道官吏即便会同藩臬司、辰沅道，藩臬司转行凤通判，将筸镇弁兵招抚单开各苗户，查明壮丁户口，共若干户，计成丁若干，应纳杂粮若干，造具清册。务于开印日，速行会核通详，以凭会题。慎毋刻迟未便。

计粘单一纸，行南布政按察司、辰沅道等因。除行南布按二司、辰沅道确查详题外，合并照知。为此照会该镇即便知照，仍将千总杨伟等带回苗人吴老化等，谕令归寨安业。将回营归寨日期报查。毋违。

照会筸镇等因。除行南布按二司、辰沅道外，相应咨会。为此合咨贵都院、提督，烦请、为查照施行。

计粘单一纸，咨南抚、提督。

康熙五十年十二月　日稿。

为禀覆事

总督湖广等处地方军务兼理粮饷兵部右侍郎兼都察院右副都御史加九级纪录十七次鄂，为禀覆事。

本年二月初二日，据该署乾同知呈称：据下哨百户陈一美等，招抚亡脑寨、仡老寨二处苗人，悉心向化，将五十年杂粮如数上纳，于十一月二十二日吃血洗心。所有亡脑寨苗人石桐禾、石老到、石老臣，仡老寨苗民石老二四名出巢，捐给盘缠，选差押送宪辕叩谢等情到本部院。据此，除石老到一名据称在途出痘病故外，据仡老寨寨长开报归顺苗人石老著等五户，共男妇二十八名口，亡脑寨寨长开报苗人石苟儿等男妇八十四名口，二〔寨〕共一百一十二名口等情。本部院随将各苗当堂吩咐：各回本寨，务宜仰体皇上天恩，各安分乐业，毋再抗粮不出，并各赏给银牌、布匹、衣帽并盘费银两，仍令原差役带领回镇筸外，合就行知。为此牌仰该同知即便知照，俟苗人石桐禾等回日，谕令各归本寨安业，永远向化输粮。仍将仡老、亡脑二寨户口并纳粮数目册，同老山坡户口数目册，各为查明，分造清册，即日呈送，以凭核题。毋得迟违，速速！

行乾同知等因。除行乾同知外，合并行知。为此仰司道官吏照会该镇即便知照施行，仍将仡老、亡脑二寨户口，并纳粮数目册，同老山坡户口数目册，各为查明，分造清册呈赍，以凭核题。勿得迟违，速速！

照行南布政、按察司，南布政计粘单一纸。辰沅道、镇筸镇等因。除行乾同知，并知照镇筸镇、南布按二司、辰沅靖道外，相应咨会。为此合咨贵都院、提督，烦请、为查照施行。

咨南抚、提督。

康熙五十一年二月　日稿。

为禀明事

总督湖广等处地方军务兼理粮饷兵部右侍郎兼都察院右副都御史加九级纪录十七次鄂，为禀明事。

本年二月初七日，据凤通判呈称：据中哨箭塘营百户阙世信禀称，招抚毛都塘苗人，悉皆向化归诚。查原经册抚二十五户，除吴老求等十三户俱已身故，内有八户子弟现在顶册，今本寨抚回。尚有三十二户，因四十二年大兵进剿避匿深山远箐之苗，历年续回本寨，原报之册无名。再查七兜树、司门前、重寨、排楼梁、龙颈坳、麻阳寨、老寨溪等处苗人共九户，搬附毛都塘居住。其七兜树四寨苗人名下应完杂粮，仍各归本寨输纳外，其排楼梁三寨原册内，无名苗人丁粮，应附毛都塘输纳。今将查明抚回本寨，并别寨搬附毛都塘居住苗人姓名，分晰造具清册，呈赍转报等情。据此，卑职查得奉谕招抚毛都塘苗人，悉皆抒诚向化，赴省叩见。卑职行据百户阙世信，将抚过毛都塘苗人烟户丁粮逐一查造前来。卑职查毛都塘苗人四十二年就抚册载二十五户，计丁四十一丁。原册之吴老求等一十三户，今已身故。内吴老那等五户故绝。止剩二十户，计丁二十八丁。又，原册无名、新收吴老求之子吴老谋，吴老果之子吴老六、老纳，并吴九叶之子吴求吼四丁，新旧共止三十二丁。今新抚附近回搬毛都塘，四十二年未经就抚、原册无名苗人吴老四等三十二户，共计六十四丁。又，排楼梁、麻阳寨、老寨溪三寨苗人吴寅卞等三户，共计九丁，四十二年亦未就抚，原册无名。今附居毛都塘，其杂粮应归毛都塘一同上纳。前后招抚共计五十五户，计丁一百零五丁，每丁纳杂粮二升，按年共该纳杂粮二石一斗。卑职查七兜树、司门前、重寨、龙颈坳四寨，苗人吴老尚等六户，丁粮系原抚册载有名，历年杂粮在于本寨上纳。今附居毛都塘寨内，其丁粮仍应在于本寨户内照数输纳，以免重复。今将抚过苗寨姓名丁粮数目理应开造清册呈赍等因到本部院。据此，查上年十二月内据千总杨伟等，押送苗人吴老化等赴辕叩见，并据开报招抚苗人二十七户，男妇九十九名口系当日逃入老山坡之苗。随经飞行该司，转饬查造清册详题。昨据仡老寨、亡脑寨二处招抚苗人，开报户口，亦经行司查造在案。今据前因合并抄册，檄行。为此仰司官吏即将凤通判造赍各苗户口粮数清册查明，同续抚各寨户口一并汇造清册，一样三本，作速详赍，以凭分送户、兵二部。再查毛都塘苗素称狡悍。今又有排楼梁等七寨零星之苗，搬附毛都塘居住。虽俱向化纳粮，但地险苗众，保无故念复萌？是否止毛都塘苗头吴老化一人，可以责令约束？或附居各寨，另择苗头约束？倘有生事，惟约束之苗头是问，未便以既归诚而不筹善后之虑也。该司并移行镇道厅，会议酌妥详覆。均无迟违。

计发抄册一本，行南布政司等因。除南布政司外，合并照、檄行。为此照会该镇，仰司道官吏即便知照会议呈覆。勿违。

照行筸镇、南臬司、辰沅道等因。除行南布政司，并知照镇筸镇、南臬司、辰沅靖道外，相应咨会。为此合咨贵都院、提督，烦请、为查照施行。

咨南抚、提督。

康熙五十一年二月　日稿。

为呈覆事

总督湖广等处地方军务兼理粮饷兵部右侍郎兼都察院右副都御史加九级纪录十七次鄂，为呈覆事。

据凤凰营通判申称：查老家寨苗人，前奉谕招抚归诚。遵即着令百户阙世信，前往备悉、宣抚。苗人感畏德威，情愿吃血，归诚输粮，并令猿猴寨、岩板井苗人，前赴该寨，将伊等与龙颈坳、马鞍山苗人旧日冤家排解明白，搬回本寨，仍归于好。今将老家寨苗人龙老化、龙老冬二名，暨与二彼排解冤家之猿猴寨苗龙老宰、龙老吽，岩板井苗人吴老晚等，卑职责令百户阙世信、护镇责令把总黄之礼、委弁王昌元带领，卑职捐给盘缠，赴辕叩谢，各将丁户花名杂粮数目，一并造册呈查等情到本部院。据此，遂将送到苗人，当堂吩咐回寨，务宜仰遵皇上天恩，各安分乐业，毋再抗粮不出，并各赏给银牌、布匹衣帽、盘费银两。并讯据苗头等称：猿猴寨苗子龙老吽、龙老宰，男妇大小约共五十余口，岩板井吴满铁，男妇大小约共三十余口，俱是四十二年投顺的。今同把总黄之礼等招安，得老家寨反到排楼梁去的苗子十二户，男妇大小约有三十余口，仍回老家寨安插等情。除将龙老化等仍令原押送弁兵带领回镇箪外，所有通判造赍老家寨户口粮册，合就一并抄录檄行。为此仰司官吏即便会同按察司，移行辰沅道、乾凤二厅，将节次招抚各寨应纳粮壮丁数目，并大小男妇子女数目，一并查明，分别开造。由司核造清册，会核详题。再查猿猴、岩板二寨，从前原招抚报部册内未有开报，则系今次招抚之寨，亦即查明。照依丁粮男妇数目，汇册造报。勿违。

计粘单一纸，行南布政司等因。除行南布政司外，合就檄行。为此仰道官吏该通判，即将前抚毛都塘、仡老寨、亡老寨、夯柳寨，并今老家寨，各纳粮壮丁若干及各户大小男妇家口数目，逐一查造入册，送司详题。再查猿猴、岩板二寨，从前招抚报部册内未有造报，则系今次招抚之寨亦应查明汇造。其老家寨苗人龙老化等，俟回日，令归本寨安业，永远向化输粮。仍将回筸归寨日期具报。毋违。

行辰沅道、凤通判等因。除行南布政司外，合并照、檄行。为此照会该镇，仰司官吏即便知照施行。

照行镇筸镇、南臬司等因。除行南布政司，并镇筸镇、南臬司、辰沅道、凤通判外，相应咨会。为此合咨贵都院、提督，烦请、为查照施行。

咨南抚、提督。

康熙五十一年三月　日稿。

为报明事

总督湖广等处地方军务兼理粮饷兵部右侍郎兼都察院右副都御史加九级纪录十七次鄂，为报明事。

据凤凰营通判黄澍呈称：查得都苏于康熙四十二年大兵进剿逃匿，未经就抚报粮之苗民，于四十五年新立住寨，取名都苏。奉饬招抚，卑职随与韩总镇，并右营朱游击会商，差役押令，暂委下哨百户侯国选、侯观音前去该寨招抚。兹据百户、差役等禀称：前赴该寨，将皇恩宪德备悉宣布。苗人感激，欢呼踊跃，归诚吃血，愿效输粮。带领苗头吴四仔之子吴老格、壮丁吴老金出巢，并男妇子女壮丁纳粮数目造册呈送。卑职查都苏一寨新抚一十七户，男妇子女共计七十七名口，内除幼丁妇女毋庸征粮外，实在壮丁二十六名，每丁纳粮二升，按年共该纳粮五斗二升。所有新抚苗人吴老格、吴老金二名，发交差役刘泰押，令百户侯国选、侯观音，寨长吴老铁，带领赴辕叩谢等因。据此，又据该通判呈称：查得盘若寨，于四十二年招抚之苗寨。前招抚之时，有逃匿远箐未曾报粮之苗人吴龙章等六户，于抚后搬回。奉檄行据百户向大礼禀称：随同万溶江寨长季沱子，前往该寨宣布德意，众苗感戢吃血，矢心归诚。令吴龙章等六户载册，一例输粮。将男妇子女造册，并将原抚册载有名报粮之苗人龙老马，带领出巢。责令百户向大礼、寨长季沱子，将苗人龙老马带领赴辕叩谢，并据册报，吴龙章等六户，男妇子女一十八名口，内幼丁六丁，妇女六口，实在壮丁六丁。每丁应纳杂粮二升，共粮一斗二升等因。据此，又据该通判呈为禀覆事内称：查枫木坪下寨，四十二年原未就抚。今奉檄查，随差据百户向大礼，并司门前寨长吴老保，将招抚吃血，亲抚枫木坪之小吴老课，并枫木坪上寨原抚报粮之苗人吴老炮，带领出巢，赴辕叩见。查新抚枫木坪下寨，计一十三户，男妇子女共三十七名口，内除幼丁妇女毋庸征粮外，实在壮丁一十六名，每丁纳杂粮二升，共粮三斗二升。查原抚枫木坪上寨，册载一十三户，计成丁二十七名。内病故吴老载等四名，止存二十三丁。今查，男妇子女共三十八名口，幼丁妇女毋庸征粮外，新抚四名，实在壮丁二十七名，每丁纳杂粮二升，共粮五斗四升。今差役刘泰押令百户向大礼，并司门前寨长吴老保，带领苗人小吴老课、吴老炮，赴辕叩见等因。据此，随将送到各寨苗人，当堂分示回寨，务宜仰遵皇上天恩，好生大德，各安分乐业，共乐升平，永为良苗，并各赏给银牌、布匹衣帽、盘费银两。并据该百户侯观音等禀称：还有一寨名叫格补，约计五十多户，未经投顺。今同侯国选、刘泰协同鸭保寨苗头吴老铁，前去即可招抚等情。据此，本部院随经给发该百户等四人委牌，并每人先赏盘费银十两，令其前往招抚。仍将到省苗人吴老格等，令其带领回镇筸外，所有通判造赍招抚都苏等三寨，苗人户口粮册，合就一并抄录，饬行。为此牌仰该司官吏即便会同按察司，移行辰沅道、乾凤二厅，将节次招抚各寨应纳粮壮丁数目，并大小男妇子女数目，一并查明，分别开造，由司核造清册，会核详题。并此外有无未抚之寨，通查明确，招抚归诚，汇册造报。毋违。

计粘单一纸，行南藩司等因。除行南布政司外，合并檄行。为此仰道官吏、该通判，即将前后招抚归诚各苗寨，纳粮壮丁及各户大小男妇家口数目，逐一查造入册，送司详题。并俟苗人吴老格等回日，饬令各归本寨安业，永远向化输粮。仍将回筸归寨日期具报。毋违。

行辰沅道、凤通判等因。除行南布政司外，合并照、檄行。为此照会该镇，仰司官吏即便知照施行。

照行镇筸镇、南臬司等因。除行南布政司并镇筸镇、南臬司、辰沅道、凤通判外，相应咨会。为此合咨贵都院、提督，烦请、为查照施行。

咨南抚、提督。

康熙五十一年四月　日。

为奉抚红苗事

总督湖广等处地方军务兼理粮饷兵部右侍郎兼都察院右副都御史加九级纪录十七次鄂，为奉抚红苗事。

据署乾州同知事凤凰营通判黄澍呈称：查得中麻冲于康熙四十二年抚过之苗寨，抗粮不纳，奉谕饬令招抚。卑职会商差押百户田弘道、田弘应前往招抚。兹据百户禀称：弁等协同差役曾上彩、兵目王天瑞，带领骑马寨寨长吴三哥、廖家寨寨长廖老包，抵寨宣布皇恩，吃血立誓，输粮效顺。而苗目龙老丑、龙老沙二名，自愿出巢叩谢。再查中麻冲，原抚一十七户，计三十六丁。今据查明，男妇子女共计一百一十四名口。内除病故及幼丁妇女不应征粮外，实在壮丁三十七名，共应纳粮七斗四升。随将龙老丑、龙老沙，并引领出巢之寨长吴三哥、廖老包等四名，差送宪辕叩谢，并造册赍查等因。据此，又据该同知呈称：上麻冲一寨，于四十二年抚剿之时，该寨苗民远居洞箐，抚后搬回寨（坐）〔住〕，从前未抚载册之苗寨。今据差委百户田弘道，协同差役曾上彩、兵目王天瑞等禀称：该寨苗人佥同吃血效顺，情愿一例输粮。将男妇子女查明，共计五十四名口，内除幼丁妇女外，实在壮丁一十六名，应纳粮三斗二升数目，并带苗目龙老满、壮丁龙老柳出巢，差役押送宪辕叩见，拟合造册呈送等情。据此，又据该同知呈称：查得雀儿寨系四十二年未抚输粮之苗寨。卑职差役胡一太协同张弘任，前往宣布宪恩，抚令归诚。今据禀称：该寨苗人咸沐洪恩，欢欣踊跃，男妇老幼佥同吃血，愿为纳赋良苗，并查明二寨男妇子女纳粮数目造册。将苗目石奇龙、石老饿，同三岔坪寨长吴老尔、廖老二，令百户张弘任等，押送宪辕叩谢，并造册呈送等情。据此，又据该同知呈称：龙朋二十九寨，四十二年招抚之苗寨，因百户彭启商物故，约束无人。奉委魏忠、张弘暹，前往招抚完粮。卑职差役杨正雄，将三岔坪寨长吴德胜、吴老二，并苗目杨老田、杨老那等四人，协同百户抵寨，宣谕德威，言明永顺司舍把吃血前誓，不必疑畏，而各寨苗人方服倾心。今据禀：二十九寨苗人吃血洗心，纳粮效顺。但时际春深，恐妨农业。公议龙朋苗目石荣山、石思保，科甲苗目龙老敖、龙为禾，檏木寨苗目石老有，巴夭寨苗目龙老柳，下水寨苗目龙老求出巢。卑职随将苗目石荣山等，并寨长吴德胜、吴老二，苗目杨老田、杨老那，差原差杨正雄暨百户张弘暹，押送宪辕叩谢。合将所抚龙朋二十九寨，实在计四百九十五户，男妇子女共一千七百六十一名口，内除病故、幼丁妇女外，实在壮丁一千一百九十四丁。每丁纳粮二升，共纳粮二十三石八斗八升，内较原额新增一百四十丁，新增杂粮二石八斗。造具细册呈送等因。据此，又据该同知呈称：劳神上下二寨于四十二年招抚，原报册载有名之苗寨，抚后抗粮无完。今据百户田弘道、张弘任前往谕抚，二寨苗人感德闻风而向化，吃血效顺以输将。查明男妇子女共二百二十九名口，内除幼丁妇女外，实在壮丁一百六十三名，应纳粮三石二斗六升，并带苗头吴老满出巢。卑职同寨长吴德胜，一并差役押送宪辕叩谢。再，劳神上下二寨，离百户田弘道所管寨分窎远，鞭长莫及。二寨似应归于附近百户张弘任名下管束催征，并令三岔坪寨长吴德胜料理，并造册呈送等因。据此，并据该百户禀称：三岔坪寨长吴老二在常德府地方病故等情。随将送到各寨苗人，当堂吩示回寨，务宜仰体皇上天恩好生大德，各安分乐业，共乐升平，永为良苗，并各赏给银牌、布匹衣帽、盘费银两。仍令百户等带领回镇筸外，合就檄行。为此牌仰该司官吏即便会同按察司，移行辰沅道、乾凤二厅，将节次招抚各寨，应纳粮壮丁数目并大小男妇子女数目，一并查明，分别开造。由司核造清册，会核详题，并此外有无未抚之寨，通查明确，招抚归诚，汇册造报。毋违。

行南藩司等因。除行南布政司外，合并檄行。为此牌仰该道官吏、同知即将前后招抚归诚各寨，纳粮壮丁及各户大小男妇家口数目，逐一查造入册，送司详题，并俟苗人龙老丑等回日，饬令各归本寨安业，永远向化输粮。仍将回筸归寨日期具报。再据百户张弘暹禀称：本年二月十一日，同魏忠在龙朋、科甲征粮回家，过水覆舟，魏忠淹死等语。今本部院给发银二十两，付张弘暹、田弘道带回，亦俟伊等回日，即令魏忠家属收领。毋违。

行辰沅道、乾同知等因。除行南布政司外，合并照、檄行。为此照会该镇，仰司官吏即便知照施行。

照行镇筸镇、南臬司等因。除行南布政司，并镇筸镇、南臬司、辰沅道、乾同知外，相应咨会。为此合咨贵都院、提督，烦请、为查照施行。

咨南抚、提督。

康熙五十一年五月　日稿。

为查明回覆事

总督湖广等处地方军务兼理粮饷兵部右侍郎兼都察院右副都御史加九级纪录十七次鄂，为查明回覆事。

据凤凰营通判黄澍呈称：查得芭茅坪，即五头寨，乃四十二年曾经招抚之苗寨也。内有原经逃匿，未报名输粮之龙六保等三户。卑职差据百户禀称：同寨长前往该寨，挨户清查。内除原抚报粮苗人姓名不开外，所有龙六保等三户，查明男妇共计十名口。内有幼丁妇女六口不应征粮外，实在壮丁四名。每名纳粮二升，共纳粮八升。其新报名输粮苗人龙六保，感畏德威，出巢叩谢天恩。卑职赏给盘缠，交百户吴正先、吴正贵，责令寨长龙老二带领苗人龙六保赴辕叩谢，并造册呈赍等因。据此，又据该通判呈称：卑职差据百户吴正先等，将经管苗寨内，查有原未就抚之葫芦、毛岗二寨苗人，四十二年招抚之时逃匿深箐，于四十九年搬来立寨。该百户等宣布皇恩宪德，而葫芦、毛岗二寨苗人情愿归诚，吃血输粮。查明葫芦寨共计二十三户，男妇子女共计一百一十二名口，内幼丁九丁、妇女四十九口，不应征粮外，实在壮丁五十四名，每丁纳杂粮二升，共纳粮一石八升。其毛岗寨共八户，男妇子女共二十一名，内除妇女八口，不应征粮外，实在壮丁十三名，每丁纳粮二升，共纳粮二斗六升，并带领葫芦寨苗头龙求二、毛冈寨苗头龙老文出巢。卑职赏给盘费，交百户吴正先等带赴宪辕叩见。至于上哨各寨苗人感畏恩德，以岩腊寨苗头龙乔保、板凳寨苗头吴老养、池河营苗头龙贵六，情愿赴辕仰瞻恩光，理合一并呈送等因到本部院。据此，并据该苗等单开，葫芦寨苗头龙求二，共二十三户，男妇子女一百二十七名口，内实在壮丁五十四丁，共纳粮一石零八升。毛冈寨苗头龙老文，共八户，男妇子女二十一名口，实在壮丁一十三名，共纳粮二斗六升。五头寨苗头龙六保，共三户，男妇子女十名口，内实在壮丁四名，共纳粮八升。池河营苗头龙贵六，共十二户，男妇子女二十五名口，内实在壮丁十六丁，共纳粮三斗二升。板凳寨苗头吴老养，共十八户，男妇子女五十名口，内实在壮丁三十五丁，共纳粮七斗。岩蜡寨苗头龙乔保，共八户，男妇子女三十二名口，内实在壮丁十九丁，共纳粮三斗八升等情。随将送到各寨苗人，当堂吩示回寨。务宜仰遵皇上天恩、好生大德，各安分乐业，共乐升平，永为良苗，并各赏给银牌、布匹衣帽、盘费银两。仍令百户等带领回镇筸外，合就檄行。为此牌仰该司官吏即便会同按察司，移行辰沅道、乾凤二厅，将节次招抚各寨应纳粮壮丁数目，并大小男妇子女数目，一并查明，分别开造，由司核造清册，会核详题。并将此外有无未抚之寨，通查明确，招抚归诚，汇册造报。毋违。

行南藩司等因。除行南布政司外，合并檄行。为此牌仰该道官吏、通判，即将前后招抚归诚各寨，纳粮壮丁及各户大小男妇家口数目，逐一查造入册，送司详题。并俟苗人龙老丑等回日，饬令各归本寨安业，永远向化输粮。仍将回筸归寨日期具报。毋违。

行辰沅道、凤通判，粘单一纸等因。除行南布政司外，合并照、檄行。为此照会该镇，仰司官吏即便知照施行。

照行镇筸镇、南臬司等因。除行南布政司并镇筸镇、南臬司、辰沅道、凤通判外，相应咨会。为此合咨贵都院、提督，烦请、为查照施行。

咨南抚、提督。

康熙五十一年五月　日。

为禀明事

总督湖广等处地方军务兼理粮饷兵部右侍郎兼都察院右副都御史加九级纪录十七次鄂，为禀明事。

据凤凰营通判黄澍呈称：查得盘塘窝、上岩口、下岩口、太平山四寨苗人，于康熙四十二年大兵进剿逃匿，未经就抚报粮之苗寨也。仰荷皇恩，宪德遐敷，从前未经就抚之苗畏匿搬回。卑职会商镇台暨中营游击吴日光，差兵役押令百户，会同营汛带领寨长、苗头入寨，宣布德威。苗人口称：吃血盟誓，情愿输粮。随据该百户查明，盘塘窝苗人一十二户，男妇子女共计七十名口，内有幼丁三丁、妇女三十二名，不应征粮外，实在壮丁三十五丁，每名纳粮二升，共纳粮七斗。上岩口，共三户，男妇子女共计一十一名口，内幼丁一丁、妇女五口，不应纳粮外，实在壮丁五丁，每丁纳粮二升，共纳粮一斗。下岩口，六户，男妇子女计二十一名口，内幼丁二丁、妇女八口，不应征粮外，实在壮丁一十一名，每丁纳粮二升，共纳粮二斗二升。太平山六户，男妇计一十八名，内妇女九口，不应征粮外，实在壮丁九丁，每丁纳粮二升，共纳粮一斗八升。并带有盘塘窝苗人龙天保、吴老正，上岩口苗人吴老利，下岩口苗人吴老晚、太平山苗人龙正国出巢叩见。卑职赏给银牌、花红、酒食及捐给盘缠，责令原差乔自龙、押令百户吴董官，同原抚盘塘窝之大塘苗头吴老化，下雷公山吴老晚，原抚上岩口鸡公寨苗头龙老始、原抚下岩口达部寨长吴史保、下黑土寨石老冬，原抚太平山鸡公寨吴柳补，上大塘苗人吴老四，一同押送赴辕叩谢，并造册呈赍等因到本部院。据此，随将送到各寨苗人，当堂吩示回寨，务宜仰遵皇上天恩、好生大德，各安分乐业，共乐升平，永为良苗，并各赏给银牌、布匹衣帽、盘费银两。仍令百户等带领回镇筸外，合就檄行。为此牌仰该司官吏即便会同按察司，移行辰沅道、乾凤二厅，将节次招抚各寨应纳粮壮丁数目，并大小男妇子女数目，一并查明，分别开造，由司核造清册，会核详题。并将此外有无未抚之寨，通查明确，招抚归诚，汇册造报。毋违。

行南布政司等因。除行南布政司外，合并檄行。为此牌仰该道官吏、通判，即将前后招抚归诚各寨，纳粮壮丁及各户大小男妇家口数目，逐一查造入册，送司详题，并俟苗人龙天保等回日，饬令各归本寨安业，永远向化输粮。仍将回筸归寨日期具报。毋违。

行辰沅道、凤通判。计赏银物粘单一纸等因。除行南布政司外，合并照、檄行。为此照会该镇，仰司官吏即便知照施行。

照行镇筸镇、南臬司等因。除行南布政司，并镇筸镇、南臬司、辰沅道、凤通判外，相应咨会。为此合咨贵都院、提督，烦请、为查照施行。

咨南抚、提督。

康熙五十一年五月　日。

为禀明事

总督湖广等处地方军务兼理粮饷兵部右侍郎兼都察院右副都御史加九级纪录十七次鄂，为禀明事。

据凤通判呈称：卷查有抗不就抚之豆沙等五寨，并四十四年续抚未经达部纳粮之上下龙蛟洞二寨、竹山一寨，檄饬各百户招抚。兹据百户向大礼禀称：同前营朱差兵刘之方、汛防把总熊先差兵李世俊、来差姚勋，带领亲属寨长苗头一同入巢。苗人交相感悦，矢誓归诚。招抚豆沙十三户，男妇三十七名口，内壮丁十八名，带有苗头吴老寅、吴老保出巢。又招抚黄毛坪搬住马草坪苗人十户，男妇二十四名口，内壮丁十四名，带有苗头石老流、石老招出巢。又招抚桐木寨苗人九户，男妇四十六名口，内壮丁十五名，带有苗人吴老摇、龙老养、龙老包、吴老擢出巢。又招抚麻阳寨苗人七户，男妇二十一名口，内壮丁十名，带有苗头吴三管出巢。又招抚重寨苗人二十户，男妇七十四名口，内壮丁二十八名，带有苗头吴老铁、龙老寿出巢。又招抚岩板寨苗人三户，男妇十二名口，内壮丁三名，带有苗人吴老化出巢。又招抚新堙苗人八户，男妇三十一名口，内壮丁十三名，带有苗头吴老扭出巢。又招抚前抚抗不纳粮之排路良苗人十九户，男妇五十七名口，内壮丁三十三名口，带有苗人龙老晚出巢。查排路良原抚十八户，成丁三十一丁，今新增二丁。又招抚上龙蛟洞苗人六户，男妇二十五名口，内壮丁十一名，带有苗人吴老诲、吴晚金出巢。卑职查以上九寨，共计抚过九十五户，男妇子女三百二十七名，内实在壮丁一百四十五丁，共该纳杂粮二石九斗。内排路良系原抚，应除粮六斗二升，免滋重复。所有带领吃血归诚出巢苗人十六名，同往招抚寨长苗人十四名，赴职赏给银牌、花红、酒饭。道镇及卑职捐给盘缠银两。着令原差姚勋，镇营差把总熊先，兵丁刘之方、李世俊，押令百户向大礼，带领寨长吴老保等十四名，新抚苗头十六名，一同赴辕叩谢等情。

又据该通判呈称：据百户谭世仁禀称，奉查未抚各寨。又奉前营朱差兵李世俊协同来差，带领寨长吴老八、龙老三、龙五叶，入巢挨查。有下龙蛟洞、磨须寨及下岩口又名岩洞寨，三寨苗人，情愿输诚向化，吃血输粮。职查，下龙蛟洞苗人十五户，男妇九十九名口，内壮丁三十三名。磨须寨苗人四户，男妇二十四名口，内壮丁六名。下岩口即岩洞寨苗人七户，男妇二十六名口，内壮丁十名。带有下龙蛟洞苗头吴老贵之孙吴老二、吴老使之子老乔、吴老邦之子吴使保，磨须寨苗人吴老葱之子吴老管，情愿出巢。其下岩口即岩洞寨苗头吴老乜因腰染寒疾，不能出巢。俟痊愈之日押送叩验等情。查以上三寨，共二十六户，男妇共一百四十九名口。内实在壮丁四十九名，共该纳杂粮九斗八升。所有出巢苗人吴老二等四名，赏给银牌、花红、酒饭。道镇及卑职捐给盘缠银两，着令原差姚勋，镇营差丁李世俊，百户谭世仁，寨长吴老八、龙老三、龙五叶，带领新抚苗人吴老二等四名，一同赴辕叩谢等情。

又据该通判呈：据百户王占魁禀称，四十四年招抚过、未经达部纳粮之竹山一寨，今同来差蓝茂祥入巢。查有竹山上下二寨，并原未就抚之田冲一寨，苗人感悦抒诚，情愿吃血输粮。查竹山坡上寨，苗人十一户，男妇五十八名口，内壮丁十七名。竹山坡下寨，苗人九户，男妇四十七名口，内壮丁十一名。田冲寨，苗人四户，男妇十五名口，内壮丁五名。以上三寨，共计男妇子女一百二十名口，内实在壮丁三十三名，共纳杂粮六斗六升，并带有竹山坡上寨苗人龙五十、龙老景，竹山坡下寨苗人龙老坐、龙老金，田冲寨苗人龙老猫出巢。赏给银牌、花红、酒饭。道镇及卑职捐给盘缠银两。着令原差蓝茂祥、百户王占魁，带领苗人龙五十等，一同赴辕叩谢等情。

又据该通判呈：据百户向大礼等禀称，有抚后抗不纳粮之上茶山一寨，今分上下两寨，入巢招抚。带有苗头吴老求、吴老贵出巢。查达部底册，原抚十八户，计成丁三十三丁，内故绝吴老蜡等十四丁。今报上茶山苗人八户，男妇三十七名口，内壮丁十二名。下茶山苗人八户，男妇五十名口，内壮丁三十一名。以上二寨，共十六户，男妇子女共计八十七名口，内实在壮丁四十三名，共该纳杂粮八斗六升，内应除原额，免致重复，实增新丁十丁，新增杂粮二斗。所有苗人吴老求二名，赏给银牌、酒饭、花红。道镇及卑职，捐给盘缠银两，着原差姚勋、百户向大礼、王占魁、寨长龙老元，带领赴辕叩谢等情。

又据该通判呈：据百户滕元海禀称，奉差蓝茂祥、前营朱差兵李荣，带领寨长龙老章，入巢招抚香炉坡苗人龙老六、抚苗坪苗人龙求二、歇场坳苗人吴三十出巢。查香炉坡，苗人八户，男妇三十五名口，内壮丁十三名。抚苗坪苗人九户，男妇三十一名口，内壮丁十一名。歇场坳，苗人九户，男妇二十九名口，内壮丁十五名。以上三寨，共计二十六户，男妇子女共九十五名口。内实在壮丁三十九名，共该纳杂粮七斗八升。随赏给花红、银牌、酒饭，道镇及卑职捐给盘缠银两，着令原差蓝茂祥、百户滕元海、寨长龙老章带领苗人龙老六等三名，赴辕叩谢等情。

又据该通判呈：据滕元海禀称，奉查未抚苗寨。又奉中营吴票仰随协同原差蓝茂祥，带领寨长龙老哥，苗头龙老鹅、龙老求入巢招抚。硬寨苗人龙老六，苗路寨苗人麻老丧，大头坡苗人麻老儞，中麻冲苗人麻老右、麻老芒出巢。硬寨，苗人四户，男妇九名口，内壮丁六名。苗路寨，苗人三户，男妇七名口，内壮丁五名。大头坡，苗人二户，男妇九名口，内壮丁四名。中麻冲，苗人十户，男妇三十三名口，内壮丁一十三名。以上四寨，共计十九户，男妇共五十八名口，内实在壮丁二十八名，共该纳杂粮五斗六升。苗人龙老六等，赏给花红、银牌、酒饭。道镇及卑职，捐给盘缠银两，着令原差蓝茂祥，百户滕元海，寨长龙老哥，苗头龙老鹅、龙老求，带新抚苗头龙老六等五名，赴辕叩谢各等情。

本部院据此，并据镇筸镇、辰沅道各呈：同前由。据此，并据该苗等单开各寨户口数目相同等情。随将送到各苗人，当堂分示回寨，务宜仰遵皇上天恩、好生大德，各安分乐业，共乐升平，永为良苗，并各赏给银牌、衣帽、盘费银两。仍令把总、百户等，带领回镇筸外，合就檄行。为此仰司官吏即便会同臬司，移行道厅，将节次招抚各寨，应纳粮壮丁数目，并大小男妇子女数目，一并查明，分别开造，由司核造清册，会核详赍送部。毋得迟违。

行南布政司等因。除行南布政司外，合并檄行。为此牌仰该道官吏、通判，即将前后招抚归诚各寨，纳粮壮丁及各户大小男妇家口数目，逐一查造入册，送司详赍，以凭查核送部。其各苗回日，饬令各归本寨安业，永远向化输粮。仍将回筸归寨日期具报。均毋迟违。

行辰沅道、凤通判等因。除行南布政司外，合并照、檄行。为此照会该镇，仰司官吏即便知照施行。

照行筸镇、南臬司等因。除行南布政司，并镇筸镇、南臬司、辰沅道、凤通判外，相应咨会。为此合咨贵都院、提督，烦请、为查照施行。

咨南抚、提督。

康熙五十一年七月　日。

为行知事

总督湖广等处地方军务兼理粮饷兵部右侍郎兼都察院右副都御史加九级纪录十七次鄂，为行知事。

据乾同知呈称：奉檄查从前有无未抚苗寨，通为招抚。遵即选差熟识苗务各役，传令百户确查。兹据百户侯观音、侯国选禀称：查有上鬼疑溪、麻栗湾、米陀寨三寨，系四十二年未经就抚之苗寨。弁等入寨宣布德意，苗人俱闻风向化，洗心吃血，愿为良苗。随查明户口，并将鬼疑溪苗目龙老史、吴老穹，米陀苗目石老滕、石老柳，麻栗湾苗目石打六，及响导平隆苗目吴老柯、鸭保寨吴老铁，一并呈送叩见等情。卑职随查三寨苗人，共计三十一户，男妇子女共一百一十七名口。另造清册呈送外，所有就抚出巢叩见之苗目吴老穷等五名，赏给盘费，护道捐给盘缠，着百户侯观音、兵丁侯国选、差役刘太押送赴辕等情到本部院。据此，并据镇筸镇、辰沅道各呈：同前由。据此，随将送到各寨苗人，当堂分示回寨，务宜仰遵皇上天恩、好生大德，各安分乐业，共乐升平，永为良苗，并各赏给银牌、衣帽、盘费银两。仍令百户等，带领回镇筸外，合就檄行。为此仰司官吏即便会同臬司，移行道厅，将节次招抚各寨应纳粮壮丁数目，并大小男妇子女数目，一并查明，分别开造。由司核造清册，详赍送部。毋违。

行南布政司等因。除行南布政司外，合并檄行。为此牌仰该道官吏、同知，即将前后招抚归诚各寨纳粮壮丁及各户大小男妇家口数目，逐一查造入册，送司详赍，并俟苗人吴老穷等回日，饬令各归本寨安业，永远向化输粮。仍将回筸归寨日期具报。均毋迟违。

行辰沅道、乾同知等因。除行南布政司外，合并照、檄行。为此照会该镇，仰司官吏即便知照施行。行镇筸镇、南臬司等因。除行南布政司并镇筸镇、南臬司、辰沅道、乾同知外，相应咨会。为此合咨贵都院、提督，烦请、为查照施行。

咨南抚、提督。

康熙五十一年七月　日。

为行知事

总督湖广等处地方军务兼理粮饷兵部右侍郎兼都察院右副都御史加九级纪录十七次鄂，为行知事。

据乾同知呈：据百户张弘暹禀称，查有附近龙朋等寨之岩柯等十二寨苗人，系康熙四十二年未经就抚之苗。今各闻风向化，洗心吃血，愿为良苗。随查明户口数目，并将岩柯寨苗目石老伞、沙黑寨苗目龙新官、龙老杓，朋井寨苗目石老景，排烧寨苗目石老六、石杨凤，得者寨苗目龙老寅，鹅栗树苗目龙老泥，构皮寨苗目龙老儿，百畊寨苗目龙老若，喇鸡寨苗目石老求，排邦寨苗目杨双龙、石三寿，果打寨苗目龙老仡，墨戎寨苗目龙老章，及向导龙朋苗目石后山、吴老牡、石老有、吴老金，补典苗目石双保、石老后，茶溪口廖老黑、吴老仡，通事张天福，一并呈送等情。随查一十二寨苗人，共计一百一十户，男妇子女共三百六十一名口，并就抚出巢叩见之苗目石老伞等十五名及引领苗目石后山等，并通事张天福共九名，随赏给酒饭、盘费，护道捐给盘缠，着令百户张弘暹，兵目杨富，差役杨正雄、陈刚，镇筸左营兵丁黄朝臣，右营兵丁王元，押送赴辕叩谢等情到本部院。据此，又据镇筸镇呈：据左右二营游击呈称，会商乾（戎）〔州〕厅选差熟识苗务兵役，同百户赴内，招抚岩柯等十二寨苗目石老伞等十五名，同向导通事九名到镇。除犒赏银牌、红布、酒食，并捐给盘费外，理合连人呈送叩见等因。据此，随将送到各寨苗人，当堂分示回寨，务宜仰遵皇上天恩、好生大德，各安分乐业，共乐升平，永为良苗，无致滋事，并各赏给银牌、布匹衣帽、盘费银两，仍令百户等带领回镇筸外，合就檄行。为此仰司官吏即便会同臬司，移行道厅，将新抚岩柯等十二寨及前行节次招抚各寨，应纳粮壮丁数目，并大小男妇子女数目，一并查明，分别开造，由司核造清册，详赍送部。毋得迟违。

行南布政司等因。除行南布政司外，合并檄行。为此牌仰该道官吏、该同知，即将新抚岩柯等十二寨，并前后招抚归诚各寨，纳粮壮丁及各户大小男妇家口数目，逐一查造入册，送司详赍，以凭查核送部。其各苗回日，饬令各归本寨安业，永远向化输粮。仍将回筸归寨日期具报。均毋迟违。

行辰沅道、乾同知等因。除行南布政司外，合并照、檄行。为此照会该镇，仰司官吏即便知照施行。

照行筸镇、南臬司等因。除行南布政司，并镇筸镇、南臬司、辰沅道、乾同知外，相应咨会。为此合咨贵都院、提督，烦请、为查照施行。

咨南抚、提督。

康熙五十一年七月　日。

为行知事

总督湖广等处地方军务兼理粮饷兵部右侍郎兼都察院右副都御史加九级纪录十七次鄂，为行知事。

据乾同知呈称：奉檄行查有无未经就抚苗寨。卑职遵即移会镇筸左营，选差熟识苗务兵役，分途传令各百户确查。去后，兹据新委土百户吴贵三，协同差役查茂武、左营兵丁李启英禀称：查有打草坡等十八寨苗人，系四十二年未经就抚之苗。今入寨宣谕，各闻风倾心向化，吃血归诚，永为良苗，愿输杂粮。随将打草坡苗目石德乍、高一寨苗目吴老要、雀儿窠苗目吴老三、斛桶寨苗目龙张保、螃蟹寨苗目吴晚儿、岩板寨苗目龙老使、补脑寨苗目石冬月、木寨苗目石老师、老为田苗目石老亩、岔勒寨苗目石老冒、豹子寨苗目龙老惹、鬼溪苗目龙老爽、打沙寨苗目龙老计、打沙下寨苗目龙老使、坡脚寨苗目吴六儿、约冲苗目石老葛、董怕寨苗目石保身、溪口苗目吴新乔，并引领三岔坪苗目石老才、石老柳、石老尔、吴老桑、廖老二、石老勒、石三斤、吴乔保、吴老响，平龙苗目吴老仡、石把宗、龙老保，劳神寨苗目龙老萼、吴老儿，科甲苗目龙老猴，一并呈送到职。随查一十八寨苗人，共计一百户，男妇子女共二百七十一名口。所有出巢苗目石德乍等一十八名及引领苗目石老才等一十五名，赏给酒饭、盘费，着令百户吴贵三等，押送赴辕叩见。

又据该同知呈称：据百户张弘任、吴贵三协同差役查茂武、兵丁李启英禀称，查得排门等五寨苗人，于四十二年远逃山(菁)〔箐〕，未经就抚。今入寨宣谕，各苗咸知感惕，归诚吃血，情愿纳粮。随将排门寨苗目龙计保、雷公洞苗目龙晚哥、龙洞寨苗目龙老春、水孔寨苗目石老稞、牛角寨苗目龙老元，并引领三岔坪寨长龙老上、苗目吴老三、石三十，平隆苗目石老懒，劳神寨苗目龙老补、石老牙，一并送见卑职。查五寨苗人共计三十七户，男妇子女共九十三名口。所有出巢苗目龙计保等五名及引领苗目龙老上等六名，赏给酒饭、盘费，着令百户张弘任等押送赴辕叩见。

又据该同知呈称：据百户田养世、差役曾贵、左营目兵黄朝臣禀称，查得蜡物等三寨苗人，四十二年远逃山箐，未经就抚。今入寨宣谕，各愿归诚吃血，输纳杂粮。随将蜡物寨苗目石老马、石老冒，岩擲寨石老二、石老为，排楚寨杨老那，并引领仙镇营寨长石二黄、杨中秋、石老么，一并送见卑职。查三寨苗人共一十八户，男妇子女共五十一名口。所有出巢苗目石老马等五名及引领苗目石二黄等三名，赏给酒饭、盘费，着令百户田养世等，押送赴辕叩见。

又据该同知呈称：据百户胡景葵、差役滕仁灿、左营目兵黄朝臣禀称，查得夯补西一寨，系未就抚之苗。今入寨宣谕，苗人感惕，向化吃血，情愿纳粮。随将苗目龙寄隆、杨仲葵及引领小溪苗目洪老济，一并送见卑职。查该寨苗人一十三户，男妇子女四十九名口。所有出巢苗目，赏给酒饭、盘费，着令百户胡景葵等，押送赴辕叩见。

又据该同知呈称：据百户陈一美、差役滕立鸾、左营目兵黄朝臣禀称，查得桂庙等四寨苗人系未经就抚者，今入寨宣谕，各苗向化吃血，情愿纳粮。随将桂庙寨苗目石寿儿，得壤寨苗目龙七月、龙团圆，破口上寨苗目龙告化，破口中寨苗目龙老仡，并引领三岔坪苗目吴使保、洞长寨苗目杨五、白岩山苗目石老蟒、亡脑寨苗目石同禾，一并送见卑职。查四寨苗人共三十四户，男妇子女共九十七名口。所有出巢苗目石寿儿等五名及引领苗目吴使保等四名，赏给酒饭、盘费，着令百户陈一美等，押送赴辕叩见各等情到本部院。据此，又据镇道呈：同前由。据此，随将送到各寨苗人，当堂分示回寨，务宜仰遵皇上天恩、好生大德，各宜安分乐业，共乐升平，永为良苗，无致滋事，并各赏给银牌、布匹衣帽、盘费银两，仍令百户等带领回镇箪外，合就檄行。为此仰司官吏即便会同臬司，移行道厅，将新抚打草坡等三十一寨及前行节次招抚各寨，应纳粮壮丁数目，并大小男妇子女数目，一并查明，分别开造，由司核造清册，详赍送部。毋得迟违。

行南布政司等因。除行南布政司外，合并檄行。为此牌仰该道官吏、同知，即将新抚打草坡等三十一寨，并前后招抚归诚各寨，纳粮壮丁及各户大小男妇家口数目，逐一查造入册，送司详赍，以凭查核送部。其各苗回日，饬令各归本寨安业，永远向化输粮。仍将归箪回寨日期具报。再查册内打沙寨，既开有打沙下寨，应作二寨。均毋违错。

行辰沅道、乾同知等因。除行南布政司外，合并照、檄行。为此照会该镇，仰司官吏即便知照施行。

照行箪镇、南臬司等因。除行南布政司，并镇箪镇、南臬司、辰沅道、乾同知外，相应咨会。为此合咨贵都院、提督，烦请、为查照施行。

咨南抚、提督。

康熙五十一年八月　日。

为行知事

总督湖广等处地方军务兼理粮饷兵部右侍郎兼都察院右副都御史加九级纪录十七次鄂，为行知事。

据乾同知呈称：奉檄行查有无未抚苗寨。遵即会同镇筸左营选差兵役，分途传令各百户确查。去后，兹据百户梁正高、差役陈尚忠、左营兵丁王国兴禀称：查得旗都等五寨苗人，四十二年远逃山箐，未径就抚。今入寨宣谕，各苗感惕归诚，向化吃血，情愿纳粮。随将旗都寨苗目龙党溜、龙老傍，略顺寨苗目龙老六、龙老巴，东排寨苗目石三喜，排糯寨苗目龙寄名，补使寨苗目龙傍隆，并引领寨阳苗目杨国楚、鬼者苗目石钱山、杨孟寨苗目石傍龙、乱岩滩苗目石老佳、排己寨苗目石老五、革渣寨苗目龙老寅，一并送见。卑职随查五寨苗人共计三十八户，男妇子女共一百一十七名口。所有出巢苗目龙党溜等七名、引领苗目杨国楚等六名，赏给酒饭、盘费，着令百户、兵役押送赴辕叩见等情。据此，又据该同知呈：据百户田仁顺、田弘道，差役邓之道，右营目兵李世俊禀称，查得白果树、小地良坡、上羊官冲三寨苗人，原未就抚。今入巢宣布恩威，俱各抒诚向化，吃血洗心，输纳杂粮。随将白果树苗目吴老爽，小地良坡苗目吴老叟、吴老柳，上羊官冲苗目龙老七，并引领廖家寨苗目廖老包，茶溪口苗目廖斋公、廖老七，一并送见。卑职随查三寨苗人共一十八户，男妇子女共五十四名口。所有出巢苗目吴老爽等四名，并引领苗目廖老包等三名，赏给酒饭、盘费，着令百户兵役押送赴辕叩见等情。又据该同知呈：据百户田弘应、差役李校宓、右营管队李世俊禀称，查得彼仡寨苗人，原系未抚之寨。今入巢宣布德意，苗人感沐恩威，归诚向化，吃血洗心，情愿纳粮。随将该寨苗目吴老纳及引领高都苗目吴老俨、吴三哥，一并送见卑职。查彼仡寨苗人，共六户，男妇子女十四名口。所有出巢苗目吴老纳及引领苗目吴老俨等，赏给酒饭、盘费，着令百户、兵役押送赴辕叩见等情到本部院。据此，又据镇道呈：同前由。据此，随将送到各寨苗人，当堂分示回寨，务宜仰遵皇上天恩、好生大德，各宜安分乐业，共乐升平，永为良苗，无致滋事，并各赏给银牌、布匹衣帽、盘费银两，仍令百户等带领回镇筸外，合就檄行。为此仰司官吏即便会同臬司，移行道厅，将新抚旗都寨等九寨苗人及前行节次招抚各寨，应纳粮壮丁数目，并大小男妇子女数目，一并查明，分别开造，由司核造清册，详赍送部。毋得迟违。

行南布政司等因。除行南布政司外，合并檄行。为此牌仰该道官吏、同知，即将新抚旗都等九寨，并前后招抚归诚各寨，纳粮壮丁及各户大小男妇家口数目，逐一查造入册，送司详赍，以凭查核送部。其各苗回日，饬令各归本寨安业，永远向化输粮。仍将归筸回寨日期具报。均毋迟违。

行辰沅道、乾同知等因。除行南布政司外，合并照、檄行。为此照会该镇，仰司官吏即便知照施行。

照行筸镇、南臬司等因。除行南布政司并镇筸镇、南臬司、辰沅道、乾同知外，相应咨会。为此合咨贵都院、提督，烦请、为查照施行。

咨南抚、提督。

康熙五十一年八月　日。

为行知事

总督湖广等处地方军务兼理粮饷兵部右侍郎兼都察院右副都御史加九级纪录十七次鄂，为行知事。

据乾同知呈称：查得排补耸一寨，共计三户，男妇五名口。前因该苗目石老文兄侄与梨溪寨苗人石老滕穴斗，具告到职。随着令百户梁正高排解。去后，今据该弁禀称：二彼俱已讲明输服，并称该苗目石老文患病，不能赴叩，令兄石沙溜叩见。随赏给酒饭、盘费，着令百户梁正高，另拨差役孙茂勋及左营目兵陈友，押送赴辕叩见。

再查乾属已据各百户，具有并无未抚之寨甘结在案。但界连黔蜀，卑职犹恐尚有遗漏。现在细加确查，合并声明等情到本部院。据此，又据镇筸镇、辰沅道各呈：同前由。据此，随将送到排补耸苗人石沙溜，当堂分示回寨，务宜仰遵皇上天恩、好生大德，各宜安分乐业，共乐升平，永为良苗，无致滋事，并各赏给银牌、布匹衣帽、盘费银两。仍令百户等带领回镇筸外，合就檄行。为此仰司官吏即便会同臬司，移行道厅，将前次题报招抚毛〔都〕塘等五十二寨，后次题报招抚盘塘窝等八十三寨，大小男妇子女数目逐一查照乾凤二厅造送之册，开造清册，作速详赍，以凭查核，分送户、兵部。慎毋草率错漏迟延，干咎未便。

行南布政司等因。除行南布政司外，合并檄行。为此牌仰该道官吏、同知即将前后题报招抚归诚各寨，纳粮壮丁及各户大小男妇家口数目，逐一查造入册，送司详赍，以凭查核送部。其苗人石沙溜回日，饬令归寨安业，永远向化纳粮。仍将回筸归寨日期具报。均毋迟违。

行辰沅道、乾同知等因。除行南布政司外，合并照、檄行。为此照会该镇，仰司官吏即便知照施行。照行筸镇、南臬司等因。除行南布政司并镇筸镇、南臬司、辰沅道、乾同知外，相应咨会。为此合咨贵都院、提督，烦请、为查照施行。

咨南抚、提督。

康熙五十一年八月　日。

为呈送苗人叩见事

总督湖广等处地方军务兼理粮饷兵部右侍郎兼都察院右副都御史加九级纪录十七次鄂，为呈送苗人叩见事。

据镇筸镇呈称：本年八月初五日，据前营游击朱恩贵呈称，窃查毛都塘苗人吴老化等，上年赴省叩见，归寨乐业。所有苗人吴老铁等，虽俱归顺，未经出巢，屡奉本镇并道厅差谕化诲，该苗疑畏不解。七月内，又奉本镇遣令中营守备常国柱、本营守备陈清、千总杨伟前往，令其出巢。卑职选差目兵林朝、寨长龙三乔、吴老化，同守千及委弁王昌元，并护道差役，再三宣扬化诲。于八月初二日，引领苗头吴老铁及苗人吴老某、吴寅工、龙老苟、吴老喊出巢。查吴老喊系远年逃避深箐，今新经招来归顺，一同出巢，差送赴辕，听候转送等情。据此，窃照毛都塘苗人吴老化、吴老铁等，于上年十一月内，吃血就抚，而吴老化同老铁之子侄兄弟老季、老六、老吼赴省叩见，当蒙重赏、诫谕，回寨乐业。惟吴老铁等本职不次遣差化诲，该苗前因畏罪疑惧，后因染病不前。但该苗目乃系该寨首领，是以遣委中前二营守备常国柱、陈清，千总杨伟，同前营游击朱恩贵，会同道厅差役，协同化谕。今该苗病愈，醒悟出巢，并同该寨已经就抚苗人吴老某、吴寅工、龙老苟及新经归化苗人吴老喊，一同来城。除犒赏外，合仍差委千总杨伟、目兵林朝、寨长龙三乔、吴老化，引领各苗前赴叩见等情到本部院。据此，又据护辰沅道呈称：该护道(李)〔查〕得，吴老铁乃毛都塘之苗首也。先因患病未出，止着子侄兄弟投诚。嗣蒙饬谕传唤，老铁等出巢叩见。遵即移镇行厅，会差传唤。去后，因日久未出，是以护道至筸选差的役前往劝谕。于八月初二日，据差役同营目带领寨长龙三乔、吴老化，并苗人吴老铁、吴老某、吴寅工、吴老喊、龙老苟到案。随赏酒饭、银牌、花红布匹，捐给盘费。仍差原役陈鹤协同营弁引送叩见等情。据此，随将送到吴老铁等，当堂分示：伊等从前所行不法，既各悔罪归诚，从宽免罪。前因老铁患病，止令子侄兄弟赴省叩见。本部院必要亲来才见尔实心归顺。据吴老铁供，从前畏罪不敢出见，已蒙宽释。前着儿子弟侄叩见，又蒙赏给。今自来谢恩。毛都塘有百余壮丁，我与老化回去，传说恩典，再不敢偷牛盗马多事。如有不遵法的，我等拿送赴省。又邻近一带苗寨，我等俱传说，叫他守法。有生事的，我们前往捉送出巢究治。百姓在内做生意，好的任凭他买卖。有用铜掣骗拐带的奸民，我们也不敢拿他，我们出来回明地方官拿他就是。凡毛都塘一带苗寨，俱在我约束等语。又问：你苗寨内可有读书识字的么？回供：近五寨司的苗寨内也有识字的，毛都塘没有识字的。今老铁有五个儿子，情愿着两个读书。本部院见老铁果属真心向化，且自认约束毛都塘一方苗寨，守法纳粮，不致为非，永为良苗，共乐太平。除给以苗地百户委牌，责成料理毛都塘一带苗寨，并赏给银牌、缎布衣帽靴袜、盘费银两。各苗亦俱照常赏给。仍令千总杨伟等，带领回镇筸外，合就檄行。为此仰司官吏即便知照。再苗人吴老喊，前厅赍户口册内无该苗名目，据称系远年逃避深箐，（令）〔今〕新经招抚归顺等语。应移行道厅，将老喊有无妻子户口及纳粮壮丁，查明添造入册，详赍送部。仍移行道厅，在于镇筸城内及乾州、镇溪所、凤凰营等处，设立（异）〔义〕学，延师教诲苗人子弟。每年食用膏火等费，作何捐用，一并议详通报。均毋迟违。

行南布政司等因。除行南布政司外，合并檄行。为此仰道官吏、该通判即便知照，仍将吴老喊有无户口，造送藩司汇册详赍。其吴老铁等回日，饬令归寨安业，约束众苗，永远向化纳粮。将回筸归寨日期具报。均毋迟违。

行辰沅道、凤通判等因。除行南布政司外，合并照、檄行。为此照会该镇，仰司官吏即便知照施行。照行筸镇、南臬司等因。除行南布政司并镇筸镇、南臬司、辰沅道、凤通判外，相应咨会。为此合咨贵都院、提督，烦请、为查照施行。

咨南抚、提督。

康熙五十一年十月　日。

为给牌约束以专责任事

总督湖广等处地方军务兼理粮饷兵部右侍郎兼都察院右副都御史加九级纪录十七次鄂，为给牌约束以专责任事。

照得镇筸毛都塘一寨苗人，从前生事为非，后各悔罪归诚，已奏蒙皇恩宽宥。今该寨苗目吴老铁，率领子弟赴省叩谢，并称毛都塘等一带苗寨，伊与苗头吴老化传谕，俱做好人，不敢为非。如仍有不法苗人，伊率子弟拿送地方官究治，并愿着伊子读书识字，实心归顺圣主，共享太平之福，殊为可嘉，合行给牌委任。为此牌给吴老铁即便遵照任理毛都塘土百户，管约该寨各户苗人，宣布皇上天威圣德，爱养苗民至意。令各苗安分纳粮，保守身命。所管苗内，如有不遵约束，潜出伏草捉人，偷窃事犯，自干剿杀，该百户不时劝诲，共作良苗。其不法之苗，许尔拿送道厅究治。或有奸民擅入勾通，诈骗为非等事，尔即赴该管文武衙门报明，拿解重处，尔亦不得容隐。如各苗俱皆遵法，安静无事，于年终报明凤通判，汇报本部院，分别奖赏。尔用心办事，勿负委任至意。须至委牌者。

右给毛都塘土百户吴老铁收执等因。除牌给吴老铁外，合就行知。为此照会该镇，仰司道官吏、该同知、通判，即便知照施行。

照会镇筸镇，行南布按司、辰沅道、乾凤二厅等因。除牌给吴老铁，并知照镇司道厅外，相应咨会。为此合咨贵都院、提督，烦请、为查照施行。

咨南抚、提督。

康熙五十一年八月　日。

沿边营汛路程

一、中营由王会营起，东北三里，至安靖关。六里，至永靖墩。三里，至威远营。一里，至凤凰营。三里，至铜锣关。二里五分，至长胜营。二里五分，至教场坪。二里五分，至永坪营。二里五分，至龙鄂营。五里，至古桑营。五里，至前营新寨。五里，至福宁营。五里，至火烧滩。五里，至盛华。五里，至长坪。五里，至香炉山。二里五分，至靖边营。二里五分，至骆驼冲。二里五分，至怀威营。二里五分，至木里。二里五分，至镇平营。二里五分，至司门前。三里，至右营老溇潭。三里，至得胜营。二里，至武定营。三里，至三脚岩。五里，至龙潜营。四里，至龙滚。三里，至瑞安营。四里，至龙凤营。三里，至晒金塘。十三里，至重郎坡。八里，至左营杀苗坪。十里，至龙图营。三里，至强虎哨。二十五里，至威镇营。十里，至平郎营。十三里，至镇溪所。十三里，至溪头。

新抚苗寨路程

一、乾州城。东北十里，至镇溪所。东五里，至老寨厂。

一、振武营。东十五里，至迷必。西北七里，至□□。又东五里，至过道寨。溪头分路，东北七里，至塘喇。西北五里，至已留寨。五里，至红岩寨。三里，至罢滕寨。分路，西北五里，至里砌、洞上诸寨。一转东北十里，至枧台中寨。五里，至然杓寨。五里，至夯补（肉）〔酉〕上下寨，外即保靖司界。约共三十余里。

一、良章营。东南十四里，至红岩排。西四里，至排沱。西翻坡，即塘喇。西北翻坡十里，至夯把拐，上通枧台中寨，下接红岩排。

一、榔木坪。东北十里，至洞长寨、洞长二房。东五里，至过道寨。分路，东六里，至马驿楼，北五里，至上坪，东五里，至荡矶石，北五里，至夯达坝，外即永顺司界。约三十里。

一、喜鹊营。西十五里即枧台、然杓二寨。北即永、保二司界。

一、镇靖营。西北八里，至小溪。分路，西五里，至梨溪寨、夯补酉。三里，至塔保冲。北五里，至龙保寨。四里，至对马寨。分路，东五里，即已留寨。北五里，至然老寨。十二里，至洞上寨、仁隆寨、得能寨、朵牙、排耳、惟夯、不市。分路，西翻山即上瓮流。东北十五里，至龙颈。五里，至界排，即永、保二司界。约共四十余里。

一、木林隘。北过溪西四里，即排邦寨。沿溪再四里，至塔保冲。分路，北四里，至地卡。分路，东北八里，至对马、已留寨。北十里，至然老、洞上诸寨。

一、塔保冲。西六里，至未抚补典。三里，至得鲊寨。五里，至下瓮流。四里，至中瓮流。八里，至上瓮流、卡彼七寨。

东上坡五里，即止耳寨。往北八里，即未抚平业。五里，至龙颈、界排。约共三十余里。

一、木林隘。西北三里，至敖里坡上寨、敖里坡下寨。西八里，至隔得溪。过溪二里，至寨阳。溪北八里，即杓耳寨。西四里，溪北即苗长寨。过溪分路，东进冲二里，至溪口寨、榔棓、流高一寨、雀儿窠。计四寨，约共三里。

一、由溪口寨，东过溪，北四里即平郎营，对岸即卡坝仡老寨、景戎寨、岑作头三寨。约共四里。如沿溪北上三里，溪西即东排寨。再上一里，即鬼者寨。过溪即张方寨。分路，东即排已寨。北四里，翻坡，即排糯寨。下坡，西三里，即得壤寨。往北一里，即排补耸寨。西进冲，即夯善寨。北二里，至旗都寨。二里，至略顺寨。四里，至杨孟寨。五里，至仡老寨。五里，东进冲，即补使寨。北五里，至补美寨。四里，至阿糯寨。东五里，至阿谷寨。西北五里，至排披寨。东北七里，至止耳寨。五里，至补豪寨。五里，至洞冲。三里，至洞挪，出六里地方。约共六十余里。

一、由张方寨，西沿溪四里，至下桃枝寨、上桃枝寨。过溪五里，即小新寨。分路，北十里，至密流，山后即斛桶寨。西五里，至报木上寨、报木下寨。五里，至已齐、朋水井。三里，至巴柯。三里，至排略。西北三里，至排门寨。西北四里，至打沙、岩柯寨。北四里，至坡脚寨。二里，至科甲。四里，至上卧栗、下卧栗。一里，至木龙。转西北四里，至龙朋，山后冲内即排烧寨。十里，至董挪。五里，至斩车。一里，至得者寨。一里，至下水。分路，北进冲，三里，至白耕寨。约共七十余里。

一、由下水，东九里，至鸦西寨、果打寨、喇鸡寨。五里，至果柳柳。七里，至大哨。五里，至九里。五里，至崇山卫。约共三十余里。

一、由下水，转西十里，至上水。三里，至上茶园、下茶园。五里，至其娄。山后五里，即墨戎寨。西四里，至孤耻。五里，至苟若寨。八里，至五头寨。西南四里，至上下黑洞寨。四里，至栗林寨。二里，至下水寨。二里，至盘傩寨。七里，至蜡耳山。北八里，至盘塘窝。南五里，至沙濠。五里，至大教山。五里，至下雷公山。过溪五里，至上西凉、板凳寨。仍过溪，二里至中西凉。过溪二里，至下西凉。溪西即上田坪、下田坪、上大塘。三里，至大树坡。四里，至上苏麻寨、下苏麻寨。五里，至贵州境清水塘。五里，至瓦窑坪。五里，至岩坳。七里，至长坪。七里，至龙潭。五里，入本境鸭寨营。一里，至威远营。自东由北溯西，三面一周，约共二百余里。

一、由小新寨，北四里，至大新寨。又分路，过溪二里，至桂庙寨。八里，至万朋寨。过小溪八里，复过溪，至鬼冲、白岩山。分路，东进冲，即岩勘寨、排楚寨、蜡物寨。计三寨，约共五里。北沿溪三里，至亡脑寨。再四里，溪西八里，上坡，即岩渭坡。沿溪北上六里，至高岩寨。过溪，分路，东八里，至补酿溪寨。三里，至革查寨。三里，至仡渣寨。北三里，至岔勒寨。三里，至老为田。又分路，东北翻坡六里，至虫寨。北七里，至破口中寨、破口上寨。五里，至苦李寨。五里，至麻阳寨。五里，至崇山卫。约共三十余里。

一、由老为田，沿溪北三里，至豹子寨。一里，至龙洞寨。一里，至沙黑寨。约共十余里。

一、由大新寨，西北翻坡十五里，至岩位上寨、岩位下寨。五里，至米流上寨、米流下寨。五里，至樏木寨。二里，至约冲。四里，至窝排，山后即鬼溪。西翻坡十里，至龙朋、董挪。约共四十余里。

一、仙镇营。西五里，至三岔坪。西北五里，至劳神上寨、劳神下寨。东盘坡五里，至打草坡。北盘坡八里，至雀儿上寨、雀儿下寨。西七里，至雷公洞。

一、强虎哨。北过溪，上坡七里，至麻栗湾。转西三里，至鬼凝溪。下坡，沿溪四里，至龙抓溪。五里，至鬼猴溪。十里，上坡，至岑头坡。五里，至排陂寨。八里，至补顶寨。八里，至官着寨。山后七里，至小地良坡。南通清水塘。西北四里，至白果窑，山后即白果树。五里，至樸木营。五里，至下大塘。五里，至鸭保寨。分路，自北转。东四里，至米陀寨。东三里，即螃蟹寨、岩板寨。北三里，至枹格肉。一里，至补排寨。五里，至龙朋。转西六里，至得夯寨。四里，至猪屎寨。四里，至巴夭寨。四里，至上水。约一百十余里。

一、由鸭保寨，西十里，至磨首寨。六里，至邦曾、都苏。八里，至上勾补寨、下勾补寨。五里，至凉水井。南五里，至盘若寨。西五里，至盘傩寨。西七里，至蜡耳山。约一百二十余里。如旦喇、古煞、鸡公壵、董帕寨、止喇寨、苟党、磨须寨、减列、豆沙、敢扒、减恶慨、勾拐寨、鸭苏寨、上卧党、下卧党诸寨，则随处皆路，无往不通。

一、犇犇坳，西接苗寨犇犇坳。

一、木林坪。北二里，至茶溪口。西一里，至新营小寨。东一里，至廖家大寨。北三里，至三壵坡。十里，至鬼党。三里，至鬼倒溪。三里，至打苟坡。五里，至下茶山。计七寨约二十七里。

一、箪子哨西，即坳马坡。

一、杀苗坪。西即塘冲。过溪北一里，至新营小寨。沿溪西三里，至下旧司。四里，至迷潭。转北，上四里，过溪，至火麻营。分路，东过溪，上一里，至泡水。过溪五里，至中麻冲。五里，至麻冲、半壵。又分路，过溪五里，至上麻冲。沿溪十二里，至小地良坡。北十里，至竹山坪。四里，至排草蒿。三里，至清水塘。东通白果窑。北四里，至骑马寨。分路，东七里，至高都。北五里，至桃花寨。五里，至臭屎寨。南小路十里，通岩口。北五里，至构皮寨。三里，至上磨岩、中磨岩、下磨岩，山后即磨岩寨。由天星后分路，北七里，至果沙岩洞寨、重寨。六里，至黄毛坪。四里，至葫芦寨。三里，至牛练塘寨。南七里，至板栗寨、毛冈寨。五里，至大池河营、小池河营。北四里，至上雷公山、新雷公山。三里，至滥泥塘、上新寨。五里，至上黑土寨、下黑土寨。西五里，至蜂桶寨。南十里，入贵州境老虎井寨。十五里，至长坪。七里，至龙潭。五里，至本境鸭寨营。一里，至威远营。约共一百四十余里。

一、由下磨岩，西五里，至鹊儿寨。北五里，至上下龙蛟洞。西五里，至岩板寨。五里，至排楼良。东五里，至麻阳寨。五里，至上老寨溪、下老寨溪。南五里，至中大塘。东二里，至上官庄。南八里，至上茶山。二里，至下茶山。八里，至毛都塘。六里，至七兜树。六里，至酿水沱，山后即岩板井。二里，至香炉山。六里，至到沱。二里，至长坪。一里，至箭塘营。约一百四十余里。

一、由火麻营，沿溪西四里，至上鱼孔、下鱼孔。五里，至下官庄。五里，至羊官冲、上羊官冲。北四里，至大田、木叶潭。八里，至洞角。十里，至洞头。翻坡西五里，即彼佐寨。东北五里，至高都，出桃花、臭屎寨。约五十余里。

一、杀苗坪。过溪西七里，至晒金塘。西北五里，至重郎坡。西五里，至半坣。北五里，至钩脑坡。西七里，至牛洞坡。北五里，至把鸡寨。五里，至塘寨。六里，至扁口洞。

一、高坳。北三里，至龙滚。过溪二里，至扁口洞。西南六里，至三脚岩。溪南即得胜营。

一、得胜营。溪四里，至老婆潭。北上五里，分路，东四里，至牛洞坡。西三里，至毛谷坣。北五里，至新寨坪。五里，至塘寨。十里，至火略坪。分路，西五里，至枫木坪。北五里，至夯柳。五里，至下岩口、中岩口、上岩口。五里，至岩口北。由小路，五里，至禾栗寨。五里，至臭屎寨、岩口。西过溪十余里，上坡，至上官庄。约共五十余里。

一、都溶。北六里，至司门前下寨、司门前中寨。五里，至万溶江。上万溶江，过溪，上坡五里，至下岩板溪。分路，西五里至上岩板溪。四里，至新塞。六里，至两头羊。过溪七里，至下茶山，通毛都塘。约共二十余里。

一、由下岩板溪，东翻坡。三里，至小老营寨。三里，至中老营寨。三里，至大老营寨。北四里，至火略坪。西五里，至枫木坪下寨。二里，至桐木寨。二里，至枫木坪上寨。三里，至火麻沱。约共四十余里。

一、都溶。西北四里，至白岩冲。二里，至木里两寨。一里，至龙井。一里，至官舍坪。三里，至迷垅。二里，至韭菜坡。二里，至红岩井。二里，至下木栗、中木栗、上木栗。七里，至木栗坪。西通毛都塘。约共二十余里。

一、长宁哨。西五里，至□□。又，东北五里，至花荷田、朝阳营。南过溪，即杀牛坪。北翻坡，即梅山。

一、箭塘营。东北一里，至长坪。二里，至到沱。东五里，至骆沱冲、官舍坪。西北十里，至铜钱塞。二里，至猪槽坑。三里，至竹山坡上寨、竹山坡下寨。三里，至川洞。东二里，至田冲寨、帽头溪。北三里，至狗喇岩。六里，至马鞍山。四里，至龙颈坳。东四里，至毛都塘。北三里，至毛鼓塞。四里，上坡，至重寨。四里，至大栗坪。五里，至杨家寨。四里，至太阳山。西翻坡，即歇场坳。北五里，至中新寨。约共六十余里。

一、盛华哨。东北八里，至铜钱塞。南七里，至朝阳营。北五里，至石灰窑。五里，至孤塘。分路，北五里，至芭蕉沱。十里，至茶陵。东五里，至马鞍山。东北五里，至老家寨。三里，至渲潭。西接打郎，北接杨家寨。约共二十余里。

一、由孤塘，西三里，至岩洞寨、猫儿塞。北三里，至野牛塘。四里，至滚牛洞。北七里，至茶陵。西五里，至豆田。五里，至上麻冲、中麻冲、下麻冲。东北五里，至沙坑、上沙坑。西北四里，至洞里。东十里，至茶陵。东北七里，至蜡洞坡。东十里，至老家寨。五里，至下打郎。西五里，至猴儿寨。三里，至下喇叭寨。北二里，至上喇叭寨。东三里，至猿猴寨。东北二里，至中打郎。东通老家寨，北二里，至歇场坳。东通太阳山。西三里，至上打郎。下坡，过溪十里，至上仡老寨、下仡老寨。西接贵州境。约共七十余里。

一、岩坎营。东五里，至杀牛坪。北五里，至樼木林。北五里，至盛华哨。东五里，至都利营。西南落毫、老田冲。东北旱田冲。一周约三里。

一、都利营。北即新寨。东北五里，至老黄沱。二里，至香炉坡。东二里，至火烧滩，通盛华哨。西三里，至马屎坣。二里，至硬寨。北过溪二里，至地寒冈。三里，至岩洞寨、猫儿坣。西北二里，至抚苗坪。

一、古桑营。西接苗寨古桑营。北五里，至通塔岭。北即猪嘴坡。西一里，至大头坡。三里，至马颈潭。

一、龙鄂营。西接苗寨龙鄂营。北接马颈潭。过溪七里，再过溪，即岩壁喇。沿溪小路七里，至下栗坳、中栗坳、上栗坳。八里，至下麻冲、中麻冲、上麻冲。东五里，至豆田、沙坑。约共二十余里。

一、浪中江。北三里，至岩板桥。东三里，至铁马山。三里，至樼木关。五里，至龙鄂营。约十余里。

一、凤凰营。东三里，至铜锣寨。南一里，至岩板桥。东四里，至太平山、坡木树、苗路寨。北五里，至樼木山。

一、威远营。北接鸡公寨。西一里，至鸭寨营。北过溪五里，至贵州龙潭。东北八里，至岩蜡寨。北七里，至长坪。东七里，至下岩口、上岩口。约十余里。

一、威远营。西南三里，至后洞寨。三里，至红花寨。四里，至黄土坎。约十余里。

跋

兵部侍郎都御史总督湖广鄂公刻其《抚苗录》成，属沂题其后。沂观自古苗人远处溪谷，草深而人稀，未尝知礼教，以是边界数用征伐。今我朝际贞元之运，成太和之治。皇上神功圣德，覃敷中外，南诛畔逆，北定沙漠。万方庶类，凡在戴履之中、血气之属，莫不仰日月而被雨露。至若湖湘江汉，地接群蛮，所系甚重，宸心眷注，简用老成，总率兹土。公奉命来南，百度具举，尤以镇筸镇红苗，出入无常。悯其无知，具折请旨，公同会勘。深入苗人之境，招其酋长，宣以德意，莫不感激歌舞，愿来归化，襁负而至者，相望于长沙、常德、武昌之间。赐衣赐食，令其编户纳粮，永为良民，皆望阙叩头，欢忭无已，户享太平，人乐醉饱。圣天子威德远畅，过于有虞，两干之舞、七旬之格，为至盛也。公来京恭祝圣寿，恩礼有加，宴赉载锡。复以川陕任重，公为巡抚于西，西人戴德。天子复调公总督川陕，盖公之和平镇静，受知于天子者最深。而抚苗之功，尤副圣主好生之意、怀远之仁。是书所载，本末详明，后之司是土者，按图考策，经纶措施之道如在指掌。沂向为公属吏，尝蒙荐之于上，及开府于吾楚，被泽尤亲。是书足以传公之功于不朽，缀名简末，是所愿也。爰拜手而识之。

康熙五十二年夏四月望日壬戌，诰授通议大夫顺天府府尹孝感屠沂拜书。

红苗归流图

序

钦惟我皇上，以神圣文武统一区宇，薄海内外，罔有不臣。虽穷荒绝域，莫不重译纳贡，稽首来享。而红苗僻在楚南，乃敢负其险远，若虺蜴蜂虿毒螫边氓。康熙四十二年，天子命将南征，不浃旬而渠魁授首，余苗各鸟兽散，逃匿林箐。诸臣以上不嗜杀，贷其余党，许以自新。苗人咸喜更生，愿就抚者不啻数千余众。盖不事歼灭，而天威固已遐播矣。迨康熙五十年，未抚生苗，或间为寇盗。总督臣鄂海初欲修筑边墙，以工非旦夕可成，于是完固城墉，添设营哨，以为守御之备。而上以苗人顽犷，务在革心，谕令加意抚绥。仁恩所感，翕然向化，其愿就抚者，复得数千余众，自此边境晏然。总督臣鄂海因撰述其事，勒之贞珉，以昭圣德。今臣承之兹土，目睹苗人尽归声教，苗地尽入版图，爰举其山川形势、土风民俗，凡耳目所闻见者，各绘为图，图缀以说，总计二十五幅。虽其中事多鄙野可笑，俗多剽悍不驯，其地之岩险幽深，虽若岁固而难服，其习之轻生贪利，虽若积久而难移。然即其耕获有方，而未尝不可定贡赋以治之也；即其蚕织既兴，而未尝不可垂衣裳以治之也；即其迎神报本之礼，而知未尝不可修人纪以治之也；即其信巫尚鬼之心，而知未尝不可设神道以治之也。观于破寨归诚，而知地险不足恃，异类无不可格也。且红苗自历代以来，屡为边患，虽剿抚不一，而叛服靡常。独自我朝，户口登于籍，粮赋纳于官，子弟之肄业者归于学，何其盛也！自非圣天子恩威远布，声教覃敷，文德武功，超轶虞夏，又乌能若斯化理者乎？

臣阿琳恭纪

山巢形势

山势险阻，何地蔑有？未若苗地，丛山叠嶂，高可参天，峭临无地，莫能综纪者也。其幽邃处，数里百折，杳无穷极。而险要最著者，有蜡耳山、地良坡、琴头坡、高岩、龙蛟洞、劳神寨、九十九洞、麻仡坡、天生寨、猴儿坓诸寨。镇筸为楚南要区，错于黔蜀之界。红苗，即槃瓠遗种，事见《后汉书》，今载《辰州府志》中。其俗，系腰用所织红锦，否则以红布，故曰红苗。自黄帝至今，蘖牙其间，相土而居，斩木结茅，以蔽风雨。其门隘屋小，无间架层次。中架木榻，坐卧其上，曰火床。室中置环刀、杆子、鸟枪、药弩，每出则携之，跬步不离其身。虽庆吊亦必佩之，曰防事。其舍外，周竖木栅为垣，栅内垒顽石，遇有急难则相聚守护。又于寨傍岩岫险峻处，预备可以藏身之所，曰坓。使其妇女老幼，攀藤援壁上坓以避。壮者奋臂而御外侮，虽矢石交加，不少畏避。观红苗之山势巢寨，可以知其盘踞之大概矣。

刀耕火种

树蓺之术，虽苗地未尝无也。镇筸田少山多，所食半皆杂粮。苗人相彼阳坡，荷锸执锄，披其榛莽，纵火焚之。待其灰烬，而后播种焉。盖以谷种，借暖气易于萌蘖也，谓之刀耕火种。间有平衍处，所种稻田，则与民无异。

刀耕火種

粉蕨疗饥

苗地多蕨。岁歉，则举室荷锄，取其根，就溪漱之。置诸板，以连环棍朴之，如麻。纳于筐，架桶上，以水搅滤，澄其粉为糊，以疗饥。制葛粉亦然。味皆类藕粉。

挑丝纺织

男耕女织，百姓之常。苗妇亦知纺织之事。抽茧，采草木取汁染色，挑织成锦，文皆龙凤、方胜、花卉。联四幅为卧具，长仅覆膝。又绩苎为巾帨，亦绣其两端，颇为适用。纺棉苎为布，以供衣裳。其机甚矮，坐地而织。

贸易蚕种

黄帝垂衣裳而天下治，蚕桑之制由是以兴。苗人亦知蚕务，而不知遗种。每暮春，其妇女结伴入城市，各以土物之宜，向民家换种，必盛其服饰。簪髻皆以银，横插排列。耳垂大环，径可二寸。项着银圈，贫者以铜，或串贝为之。领缘襟袖，皆饰以斑斓，缀以银锡、花片、角铃。裳用苗锦为之杀缝，而青红相间，亦杂以花片，点缀其上，光彩陆离，各相夸示。

趁墟交易

《书》曰：惟土物爱厥心臧。苗人未必臧，而土物则有可纪者。食物，则薏苡、崖蜜、峒茶、烘笋。山材，则棕毛、杉木、水丝木、红洲木、黄杨木。药材，则黄连、血藤、五棓子、桐油、金刚藤、丹砂、雄黄。服御，则峒锦、峒被、峒巾、柳条绸、棕衣。畜产，则山马。凡此，皆足货鬻远方。有集场于民苗接壤处，日中为市。苗人男女负戴而至，与民交易，以通有无。其所重，惟盐为最。

赴墟交易

秋获囷藏

红苗妇女强悍，能任力役，无减于男子。秋成，则短裙裫襶，腰镰负笼，登山以获。笼以竹为之，扁而长，广上锐下，有两耳于旁，曰背笼。以两臂贯笼耳，负于背，系绳于额，伛偻而趋，登降便利。以所获实其中，负而归。编竹作囷，覆以茅草，钉桩于地，置板以承之，去地尺许，以避霉湿。藏所获于囷内，用供卒岁之需。

秋获同庆

农毕鼓脏

苗人于农毕冬月，跳鼓脏以祀神，亦蜡腊之遗意也。冬乃藏谷之时，谷藏与鼓脏，声相近，蛮语遂伪为鼓脏云。先期设棚于寨外平垣处，预告亲友。至日，邻苗男妇老稚，鼓吹而来。及门，各放铳以祓不祥，乃入。列坐庑下。主人具酒肉粔籹以飨之。抵暮，主人率男妇击金伐鼓，群至棚下。设位奏乐以迎神，杀牛烹而荐之。并陈酒果，以牛首置棚前。刳长木空其中，冒皮于端以为鼓，架于木，一人跳而击之。一苗巫衣圆领，执铎舞跃，而致祝辞。是日也，男妇皆盛装以从事。男以杂色纸为巾，垂纸条一束于背。富者则厚价购伶人旧时衣，以示华侈。祭毕，宾主为欢，饮食歌舞，更劝迭酬，达旦乃散。

唱歌觅偶

苗俗，至初春时，男女未婚嫁者，皆盛服饰，负背笼登山，以樵采为名，往来林麓间，相对唱山歌，雄鸣雌应，漫声悠扬。每发声，则以一手自掩其耳。唱和相协者，即相悦，而苟合焉，然后浼媒行聘。说者谓槃瓠之后，牝牡自相夫妇。红苗乃其苗裔，故男婚女嫁之事，其俗如此。

苗风婚嫁

苗俗，无婚嫁礼。凡男女婚定之后，及笄，约日过门。女着花领袖短衣，裙幅错以彩线，蔽膝。挽髻跣足，手执长柄雨伞，路远者缚鞋柄上。其父母浼少妇一二十人，围绕而行。至男村相近，男姓亦浼众妇女出迎于村外田间。不通闻问，席地互歌，良久，发声喊笑，拥入男室，坐牛栏上，复歌，而新妇绝不开口也。少顷，于各妇前置空碗一、牛脯二。进酒时，不饮。已酒，必两相搂肩劝饮，割牛脯下之，如是者数次。进饭数盂。无碗箸，群手团饭而食。夜不寝，及黎明，众妇拥女，汲水一担至锅侧，随哄而散。男女并未识面。每岁惟栽插收获时一至夫家。必有妇女偕行，若防护焉者。其在父母家，则仍披发如未嫁时，恣所欲为。必娠而后父母送之于归，谓之坐家。偶遇不娠之妇，必牵一牝豕娠者以归，示无虚往也。其恶俗如此。

祭鬼椎牛

红苗虽属异类，其于祀先之道，有可采焉。其名不曰祀先，而曰祭鬼。每祭，必以善价求白水牯牛，饲养茁壮。择日缚牛门外花柱，众执矛而立。先让其尊者，以矛刺牛胸，然后姻娅族人依序而进，一人持水于旁，随刺随泼，使血不淋漓于地。及牛死既倒，必视其首所向，以卜臧否。若首向主人居室，则欢笑相庆，以其来歆享也。否则，众皆愀然散去，主人即惶悚涕泣，以鬼弃而不茹，将降不祥也。祭毕，则鼓刀分胙，留四肢以遗先刺者。又别割一牲，以火燎去毛，连皮烹之，曰火炟肉。众共饮酒食肉，醉饱而散。

开庙歃血

乾州之东北鸦溪，有天王庙在焉。其像衣冠而并坐者三。询之土人，曰：此北帝天王也，姓杨氏，兄弟三人，长曰金龙，仲曰金虎，季曰金彪，皆宋时骁将。孝宗朝，溪蛮为害，奉命专征，杀伤甚众。时值炎暑，王憩枫林下，渴饮溪流，中毒而殒。未几，王遂降神于蛮，疫疠大作，苗人死者过半。众皆震慑，因祷而祀之，誓不敢怠。一云：王开九溪十八峒，追蛮至五寨司奇梁洞，斩其渠魁及余党九千余级，遂平其地。孝宗嘉之，锡以王爵。民怀其德，蛮畏其威，故立庙以祀，呼为北帝天王，尊之至也。凡有祈祷，或冤忿不白，而欲誓者，则往庙告神。其远不能赴庙者，告于拜亭。拜亭去乾为中道，乃神之行祠也。凡誓小事以鸡，重则以猫，刺血滴酒中，各饮以明心。其誓必曰：我不冤你。你若冤我，我大发大旺。我若冤你，死我九十九代。盖云祸且延及子孙也。六月中为神之忌辰，民苗斋戒，各禁屠沽，止钓猎，断蔬菜，唯食饭饮水而已。以尺素缠首，不敢冠。道路相值，无敢偶语。夜卧不敢辗转，虽蚊蚋嘬肤，亦不敢拂拭。六畜尽藏之他所，恐其鸣吠，以触神怒。

采药治疾

苗人疾病，间有能以药治疗者。然皆非本草方书所载，乃土人口授之方药，即本山所产草本，或用根皮，或用枝叶，不加炮制，统谓之草药。遇有疾病疮疡，则采应病之药，捣之，或吞或敷，奏效甚捷。往往有负笼至民间，投剂治疾者，亦颇有效。第不知药名云何耳！

鸡卜决事

鸡卜之说，见于《汉书·郊祀志》：粤祠用鸡卜。盖蛮俗尚鬼，其来旧矣。凡苗民欲有所为，未决，则持鸡赴野，置刀其旁，插五色纸旗于地，绕以纸钱。取竹一段，留其节，挑竹皮起少许，以物支两节间，如张琴瑟然，击而诵祷之。乃杀鸡烹食，取其两胫，以竹挺探测骨孔之深浅，以决吉凶。左胫为客，右胫为主。若孔有血渍，为损伤之兆。又有看鸡蛋卦者。其法，以鸡蛋置器中，立檐下，向日而咒之，且咒且摇其器，令蛋旋转不定。咒讫，俟定，以烟煤涂识其左右上下。煮熟去壳，以线断之，视其黄白之厚薄盈虚。所在占事颇验。

雞卜決事

悬梳卜病

苗俗，信巫畏鬼。人病，则曰有鬼。以线悬梳，而视其欹侧、左右、抑扬、动静，以卜鬼之所自，定疾病安危。然后请巫祈禳，张盖设位于野，陈男女衣履裙帨于前。约亲邻寨众，醵金置祭，酿秫为红酒，宰牲以献，曰求福。祭毕，则于祭所食其胙，分其余而散。

累世仇杀

红苗倚险群居，仇怨相寻，则集党执械而斗。贯牛革为甲，以铁作兜鍪，如钹而锐。其猛者，临敌抛刀于空，以手绰之，怒詈以贾勇。有杀伤死亡者，其家多方浼亲识排解，酬以财货牛马，谓之“倒骨价”。又必有人从中担任，后无改悔，名曰“防背箭”。然后拜神歃血，各息争斗。否则仇衅百出，祸延累世，报复无已。

捉人抵事

红苗狃于仇怨，互相穴斗。有力不胜其强者，则捉他人以抵之。不惟波及无妄之人，竟有以素不谋面者捉抵，必勒令向其仇家讲明其事，如所愿而后得脱。往往良民罹于陷阱，而苗人方自以为得计。

殺人搶事

枷禁勒赎

红苗捉人入巢，即用枷禁。取木之长数尺、一本而歧其末者，稍加斧斤之，如丫叉形。凿孔于后，入其颈，以木楔楔孔，使不得出，谓之碓马枷。或着以木靴。拷得姓名居址，即通消息于其家，勒财货以赎。否则，递卖于蜀中酉阳之盐场，髡钳以供煎炼之役，终无还乡之望矣。

枷禁勒赎

插签盗牛

苗人饮食祭祀，所重在牛，往往惟牛是窃。于民村睥睨畜牧之所，夜则结伴盗之，恐人觉而追捕，乃削竹为签，遍插要路。众苗牵牛以行，留一二苗于后，持兵负签，且插且走。签锋甚利，追者犯之，则穿胫透膝，困顿而返。知者或绕路追迫，苗则反斗，其所持之兵，曰杆子，长丈六七尺，大止径寸，以水丝木为之，坚韧胜于他木，首有利锋，每多被其杀伤。苗人且能夜行，履险如平地，故恃以为盗。

伏草装塘

《易·同人·九三》爻辞曰：伏戎于莽，升其高陵。今观苗人有伏草装塘之事，而知圣人悬象，虽异类莫能遁其情也。凡苗欲捉人，则邀同辈，执械潜伏于路傍草间，曰伏草。必二三其处，曰装塘，有头塘、二塘、三塘云。先使一人升巅以望，伺行旅孤踪过其地者，呼以为号，则群起而捕之。反接其手，用卵石塞口，使不能出声，以葛藤系颈，牵入寨。或不随行，即杀之。盖其危险如此。

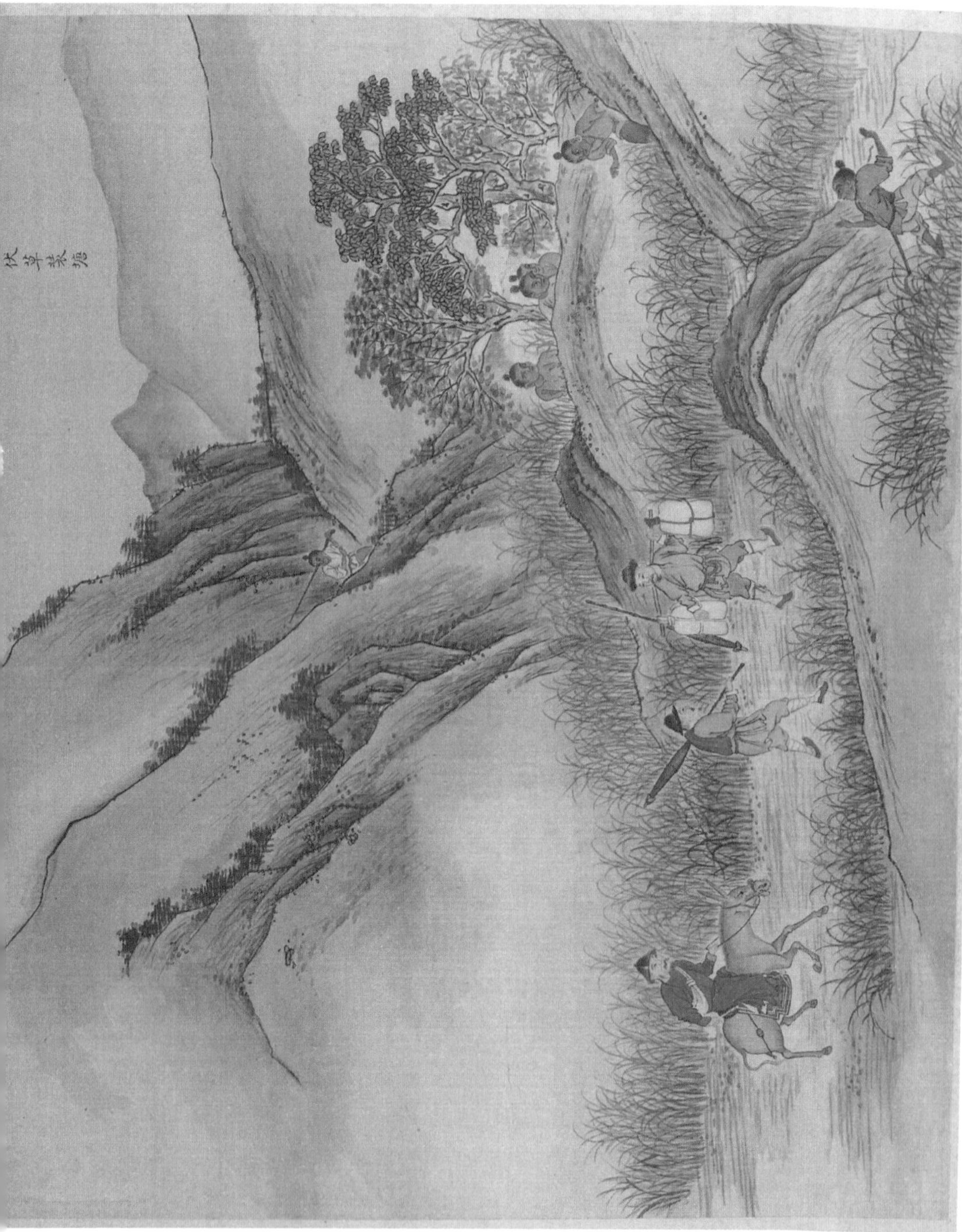
伏草装猎

焚掠民村

《语》云：涓涓不塞，将成江河。红苗穴斗，是其旧习。渐至偷牛装塘，捉人勒赎。甚而焚掳村舍，戕贼民命，蹂躏边壤，为害滋大。虽从前屡加抚剿，旋即反复，盖其野性使然也。今怀德化，改面革心。

负隅拒捕

苗人僻居遐荒，自昔声教未通，异服殊音，狃于贪戾。有所犯，则恃险倚党，势如嵎虎，莫能勾摄。虽边将勒兵追捕，犹逞其螳臂以拒。若预知兵将至，则先匿其老幼妇女于他所，或上埾以避。壮者分伏要隘草间，纤毫不露，如伏兔然，身藏鸟枪、药弩，以待官兵，又约邻寨为援。及兵至拒斗，邻苗闻铳炮声，云集响应。无行阵队伍，惟散布林麓间，放铳弩以战。其跳踯呼号，出没隐现，捷于猿狖，莫可端倪。及兵欲退，伏苗尽起，以扼归路，余苗以铳弩尾追于后，谓之送客。故边将入巢，非熟悉苗情，深知地利，号令迅速，筹画密秘者，多致偾事。

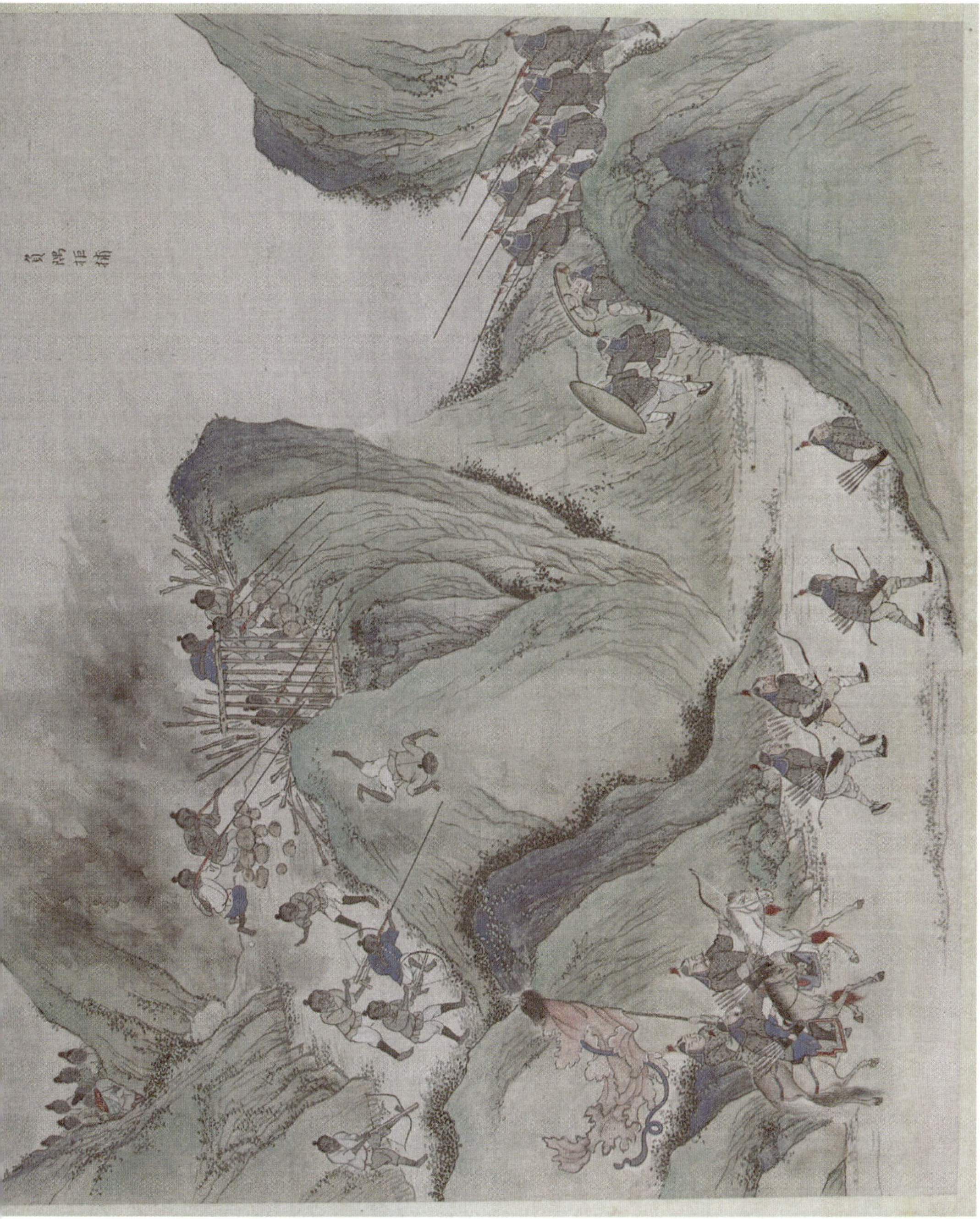
負嵎拒捕

王师捣穴

红苗骚扰边民，负险梗化，官兵搜捕，乃敢拒敌。由是天颜震怒，康熙四十二年，命尚书臣席尔达、总督臣喻成龙、巡抚臣赵申乔会集楚粤黔三省兵进剿，旌旄所指，如摧枯拉朽。歼其巨憝，擒其狡猾。复宣布威德。诸苗望风归命，襁负而至，稽首输诚，若崩厥角。上方以仁爱抚百姓，恩泽加四海，不欲究武，遂命班师。复廑念荒服苗人，未通声教，设将帅以资弹压，置官吏以司教养。庶几以董以劝，其贪残之性可以渐革欤！

剃发归诚

镇筸自改协为镇，又迁道员以驻五寨司城，设丞倅分地而治，厘赋建学。地方渐期于理，乃苗犹跃冶不驯。康熙五十年，总督臣鄂海巡历筸边，不忍遽加以法，乃令所司宣布皇仁，招徕其众。各寨梗化之人及未抚生苗吴老铁等出巢。剃发归诚者共一百四十七寨，计男妇老幼五千七百二十一人，与以衣帽，犒以酒食，无不踊跃欢忭，相庆更生。

薙髮歸誠

丰碑永训

红苗既倾心向化，督臣鄂海具疏入告。奉诏褒美。督臣遂将抚苗始末撰文进呈御览。上亲加厘正，命勒石于镇筸及乾州，用昭永久。钦哉圣德，一人有庆，兆民赖之。

跋

尝观山经海乘谈天志怪之篇，其所纪载多荒忽诞妄，然犹存其说而不废。矧板籍隶于天朝，而情状得之闻见。凡有所纪，皆非出于无稽者乎！镇筸，乃楚南极边，世为苗蛮之窟宅。按苗，即僚，或曰瑶。其散居于五溪者，曰五溪蛮。居于长沙武陵者，又曰武陵蛮。红苗，盖近代所称，种类以数万计，氏族惟吴、龙、石、麻、廖五姓而已。又有杨姓者，乃民入其巢，与之婚嫁，既久遂成其类，曰仡佬苗。其名，男子多以老，妇女多以亚，如老铁、老狗、亚叟、亚恒之类。各以族之远近多寡，聚数十户或百余户为一寨。寨中推族大富强者为长，皆听其指挥焉。其人皆面目黧黑，椎髻跣足，尽去髭须，状如猿猱。性嗜烟，见持烟者必乞尝之。内巢之苗，罕知盐味，得盐则喜，每遗其类，各以一撮置掌中舐之，以为美。其风俗，无男女少长之别，卧则同榻，浴则同川。其语言啁哳，称官长曰敏虢，呼父曰阿巴，母曰阿米，伯曰马垅，叔曰马腰，兄曰阿那，弟曰得苟，姐曰阿娅，妹亦曰得苟，子曰得亦，女曰得怕，夫曰琫，妻曰欧。以正月曰喇阿，二月曰喇呕，三月曰喇补，四月曰喇不垒，五月曰喇本耳，六月曰喇招，七月曰喇宠，八月曰喇易，九月曰喇筹，十月曰喇个，十一月曰喇冬，十二月曰喇柔。他语侏离，多类此。惟往来城市者，亦通楚语。其服饰，皆短衣窄袖，裤止蔽膝，用红布为橐以束腰，衣领亦饰以红。妇人无裤，止以裙蔽下体。虽隆冬祁寒，男女止单衣数层。冻甚，则集薪焚之，阖室环向，反覆烘炙。出遇风雪，则披毡以御。男子，以网巾约发，带一环于左耳，大可围圆一二寸。妇人，则两耳皆环，绾发作螺髻，织篾为笄，以发纬之如蟹，匡施于髻，遍以银索绕之，插银簪六七枝，簪形若匕。其女之未嫁者，以线贯贝辫发垂后，以为别。人多贫窭，以剽掠为事。每出掠，则怀粢食曰粑粑，为糇粮，渴则掬饮溪流。昼伏夜行，遇阻不得归，乃伏箐中，日曝夜露，数日不疲。其跖胝如蹯，虽履根柎触硗确，若不知者。畏痘症，不敢远行。好修旧怨，有仇欲复而势未能者，则植树以识，父子相传，历久不忘。报之，而后伐树削迹。其兵器，有环刀、偏架弩、杆子枪。初无火器，明末始有鸟枪，今则熟习此技矣。山产硝，自能煎炼，惟少磺。内巢田塍间产虫，色黑而有甲，掘得阴干，碾合火药，比磺尤烈。环刀，长数尺，以骨角饰其柄。柄有大环，如拳。削竹木为刀室，系以革条，斜挂于肩。其刀，于儿始生时，取铁如儿重，浸毒水中。儿长，乃煅钢制刀，终身佩之。刀成，则试以牛。仰刃牛项下，以肩承之，耸肩而牛首即落者，为良。偏架弩，长数尺，緶纻为弦，能随其跳跃，以足蹶张其弩背，手傅矢，以命中。战则左执鸟枪，或负偏弩，右执杆子，衔刀于口。远则用枪、用弩，近则用口中刀，奋击之。其乐器，有铳、鼓、芦笙、卢沙、竹笛、闷筒。合乐时，诸音竞哄，击竹筒为节。群蛮团圞联臂，叫唱以和之。疾病，多杀牲祀鬼以求福，否则共指为啬，至有典鬻男女以供祭者。至岁首，则祭槃瓠。杂揉鲊鱼酒肉羹饭于木槽，扣槽群号，以为礼。凡此，悉与内地异。图中有所未备，故并记之。

子牙河分司臣阿琳恭进

图书在版编目(CIP)数据

抚苗录/(清)鄂海撰;伍新福点校. 红苗归流图/(清)阿琳撰;伍新福点校. --长沙:岳麓书社,2024. 12. --ISBN 978-7-5538-2242-6

Ⅰ. K281. 6

中国国家版本馆 CIP 数据核字第 2024HW7607 号

FU MIAO LU　HONGMIAO GUILIU TU

抚苗录　红苗归流图

著　　者:[清]鄂海　[清]阿琳

点　　校:伍新福

出 版 人:崔　灿

出版统筹:马美著

责任编辑:胡宝亮

责任校对:舒　舍

封面设计:戴　宇

岳麓书社出版发行

地址:湖南省长沙市爱民路 47 号

直销电话:0731-88804152　0731-88885616

邮编:410006

版次:2024 年 12 月第 1 版

印次:2024 年 12 月第 1 次印刷

开本:640mm×960mm　1/16

印张:11. 75

字数:153 千字

书号:ISBN 978-7-5538-2242-6

定价:108. 00 元

承印:长沙超峰印刷有限公司

如有印装质量问题,请与本社印务部联系

电话:0731-88884129